MANUEL
DU GENDARME

POUR SERVIR
A LA RÉDACTION
DES PROCÈS VERBAUX

PARIS ||| LIMOGES

11, PLACE St ANDRÉ-DES-ARTS ||| RUE MANIGNE, 18

HENRI CHARLES-LAVAUZELLE

Éditeur de la Gendarmerie

MANUEL

DU

GENDARME

MANUEL
DU GENDARME

POUR SERVIR

A LA RÉDACTION

DES PROCÈS-VERBAUX

Dixième édition.

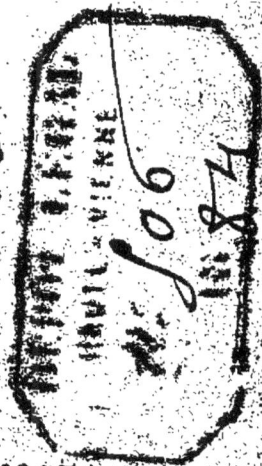

PARIS ‖ LIMOGES
11, Place St-André-des-Arts ‖ Rue Manigne, 18.

IMPRIMERIE, LIBRAIRIE ET PAPETERIE MILITAIRES
HENRI CHARLES-LAVAUZELLE
Imprimeur militaire
1884

MANUEL
DU GENDARME

CHAPITRE PREMIER

Des conditions que doit remplir un procès-verbal.

Dans le principe, le procès-verbal n'était que le
récit oral d'un crime, délit ou fait de toute nature
que faisait l'agent de la loi ou de la force
publique au juge compétent. Peu à peu, on s'est
aperçu qu'il était plus correct et plus avantageux,
au point de vue de la connaissance des faits délic-
tueux, d'obliger ceux qui étaient chargés d'assurer
l'exécution des lois, de consigner dans un écrit la
relation circonstanciée de tout ce qu'ils avaient
relevé de contraire aux prescriptions légales. Le
nom de procès-verbal est resté, mais ce récit oral,
comme nous le disions plus haut, est devenu une
narration écrite. Ainsi donc, les gendarmes doivent bien se pénétrer d'un principe : c'est qu'un
procès-verbal n'est pas autre chose pour eux que
le narré fidèle, exact, circonstancié d'un crime,
d'un délit, d'une contravention, et, en général, de

tous les actes. La sincérité et la vérité sont les qualités essentielles d'un procès-verbal et les appréciations personnelles doivent en être sévèrement écartées.

Bien que la loi n'ait pas tracé la formule de rédaction d'un procès-verbal, l'usage a consacré des errements dont il ne faut pas s'abstenir, tels que les préliminaires et la clôture. Dans la rédaction, si l'agent doit consigner tous les faits, toutes les paroles, toutes les circonstances, il devra s'efforcer de remplir cette condition avec méthode et clarté. On devra donc éviter soigneusement la rédaction qui consiste à dire : nous avons entendu le nommé Jacques, *lequel* nous a dit *qu'il* avait vu Antoine *qui* lui avait assuré, etc. — Cette façon de rédiger est diffuse, embrouille les faits et peut intervertir souvent la part de responsabilité qui incombe à l'un ou à l'autre des individus mis en cause. Pour éviter cet écueil, on emploiera de préférence cette tournure : le sieur Pierre s'est présenté à notre caserne et nous a fait la déclaration suivante ; — ou — nous nous sommes rendus au domicile du sieur Edme, qui nous a déclaré ce qui suit

S'il est essentiel de ne pas altérer en quoi que ce soit la déclaration d'une personne, témoin ou inculpée, il n'est pas indispensable non plus de rapporter textuellement les fautes commises contre la langue. Cependant, certaines paroles, malgré leur grossièreté, leur obscénité même, ne doivent pas être rejetées du corps du procès-verbal, surtout lorsqu'il s'agit d'injures adressées soit à un magistrat, soit à un fonctionnaire, soit à un particulier.

Quand il s'agit d'un assassinat, d'un vol, la

description du théâtre du crime doit être faite avec minutie ; le plus petit détail peut souvent être un trait de lumière pour le magistrat ; mais si les gendarmes ont à entendre une personne blessée ou malade comme témoin, il est parfaitement inutile de donner la description des lieux et de dire par exemple : nous avons pénétré dans une chambre ayant son entrée sur une cour ou un corridor d'une superficie ou d'une longueur de tant de mètres, ladite chambre, située au nord, était éclairée par tant de fenêtres, etc.

Bien que les déclarations des témoins soient quelquefois triviales ou incorrectes, on ne doit pas moins les reproduire textuellement, et ne pas omettre de relater si les témoins affirment leur déclaration.

Les gendarmes rédacteurs doivent consigner avec exactitude, les noms, prénoms, âge, profession, demeure, lieu de naissance des plaignants, témoins, inculpés de crimes, délits ou contraventions. Ils ne doivent pas oublier que la récidive, dans certaines contraventions, l'ivresse publique par exemple, devient un délit qui entraîne pour le coupable l'établissement d'un casier judiciaire, déposé au lieu de naissance du condamné, pièce qui peut être consultée au besoin. Les gendarmes, n'étant point officiers de police judiciaire, n'ont pas qualité pour recevoir une plainte ou une dénonciation. Lorsqu'il se présente (et le fait arrive souvent) une personne qui fait une plainte ou une dénonciation verbales à un gendarme, celui-ci doit l'écouter avec attention, bien lui faire répéter les faits qui ne lui semblent pas clairs, et donner à son procès-verbal le nom de :

Déclaration faite par le nommé Ernest, etc.

Les indications marginales des imprimés de procès-verbaux mis entre les mains des gendarmes doivent toujours être remplis avec soin ; le chef de brigade a le devoir de veiller à ce que le numéro d'enregistrement de la brigade soit écrit lisiblement et n'empiète pas sur l'espace laissé libre aux numéros d'enregistrement de l'arrondissement et de la compagnie. La date doit toujours être inscrite en *chiffres*. Dans l'analyse, première difficulté que rencontrent les gendarmes nouvellement admis, commencer toujours par la qualification même du fait constaté. — Exemple : procès-verbal constatant : mettre au-dessous contravention, suicide, vol, etc., — et non *une* contravention, le suicide, etc. — Remplir toujours le visa de transmission de manière que l'officier n'ait qu'à dater et signer. Toutefois, des *copies* de certains procès-verbaux sont, par exception, demandés conjointement avec les expéditions réglementaires ; dans ce cas, le visa doit être laissé tel qu'il est sur l'imprimé.

L'énoncé de l'année, du jour, de l'heure, dans le procès-verbal, est toujours écrit en *toutes lettres* et non en chiffres comme dans l'analyse. Quand, par suite de circonstances majeures, d'impossibilité matérielle, on est obligé de remettre au *lendemain* la rédaction d'un procès-verbal, il faut le dater du *jour* de la rédaction, mais en ayant bien soin d'ajouter dans le procès-verbal : Rapportons ou certifions *qu'hier*, etc...

Il est bon de renfermer dans des guillemets la déclaration de chaque témoin, inculpé, etc. Les gendarmes s'efforceront de bien orthographier les noms et prénoms des personnes qui figurent dans le procès-verbal, d'indiquer toujours le département dans lequel se trouve la localité, le lieu de naissance ou le domicile des délinquants, plaignants, etc., de préciser le point où ils auront constaté un fait, les différents villages, bourgs, hameaux où ils auront passé. Il est bon d'écrire les noms en caractères plus gros et de mettre les prénoms entre parenthèses. — Exemple : TOULOUSE (JOSEPH), ETIENNE (JEAN-PIERRE).

Comme nous l'avons dit plus haut, la loi n'a pas arrêté la forme à donner aux procès-verbaux; l'usage seul a consacré la manière de les clore.

Ainsi, on doit énoncer, en finissant, en combien d'expéditions le procès-verbal a été établi, la destination donnée à chacune. — Exemple : En foi de quoi, nous avons dressé le présent procès-verbal que nous avons établi en double (triple ou quadruple) expédition, la première destinée à....., la deuxième destinée à...., la troisième au capitaine (ou lieutenant) commandant l'arrondissement, conformément à l'article 495 du décret du 1er mars 1854.

Fait et clos à....., les jour, mois et an que dessus.

(Signatures.)

Il peut arriver qu'il y ait lieu de donner un signalement quelconque, alors on le place au-dessous de la signature du (ou des) gendarme rédacteur.

Exemple d'un signalement, avec indication des principaux traits à reproduire dans la plupart des cas :

Taille 1m 70, visage rond, front couvert, yeux gris, nez ordinaire, bouche moyenne, menton rond cheveux et sourcils châtains.

Marques particulières : Taches de rousseurs
sur le front, ou fortement gravé de la variole, ou
tatoué sur le bras (dans ce cas, indiquer les signes
du tatouage).

Coiffé d'un chapeau rond, en feutre noir, revêtu d'un veston marron et d'un pantalon en drap
gris foncé, chaussé de grosses bottes fortement
ferrées aux talons.

A moins de cas fort rares, et pour éviter des
lenteurs, la première expédition est toujours
adressée à l'autorité compétente.

CHAPITRE II

Modèles d'analyses.

Presque toujours, les débutants éprouvent une
grande difficulté à établir l'analyse d'un procès-
verbal : ou ils sont prolixes, ou ils négligent
des détails importants. On se souviendra que l'âge
des inculpés doit toujours être indiqué : cette men-
tion n'est réellement nécessaire pour les vic-
times que dans les attentats contre les personnes.
Mais cette recommandation ne concerne que les
analyses : le corps du procès-verbal, ainsi que
nous l'avons dit, ne doit négliger absolument
aucun détail. Si les gendarmes rédacteurs
se trouvent dans l'impossibilité de recueillir
par eux-mêmes des renseignements sur un fait
qui leur est dénoncé, ils emploieront le mot *déclaration* dans l'analyse. Mais il est toujours pré-

férable de ne pas se borner à cette simple transmission d'un renseignement à l'une ou l'autre des différentes autorités.

ARRESTATIONS

Les procès-verbaux d'arrestation doivent toujours être individuels.

N° 1. — Arrestation, en vertu d'un mandat d'arrêt, du nommé Tribouillard (Louis), 23 ans, né à Lyon (Rhône), cultivateur.

N° 2. — Arrestation, en vertu d'un mandat d'amener, de la nommée Regnier (Elise), femme Millot, 25 ans, née à Saintes (Charente-Inférieure), couturière.

N° 3. — Arrestation, en vertu d'un réquisitoire, de la fille Simonnot (Julie), 19 ans, née à Paulhan (Hérault), sans profession.

N° 4. — Arrestation, en vertu d'un extrait de jugement, etc,

N° 5. — Arrestation, en vertu d'une contrainte par corps, etc.

N° 6. — Arrestation en flagrant délit d'assassinat, etc.

N° 7. — Arrestation en flagrant délit de meurtre, etc.

N° 8. — Arrestation en flagrant délit de viol, etc.

N° 9. — Arrestation en flagrant délit d'attentat à la pudeur, etc.

N° 10. — Arrestation en flagrant délit de vol qualifié, etc.

N° 11. — Arrestation en flagrant délit de vol, etc,

Nᵒ 28. — Arrestation du nommé, etc., évadé de l'asile des aliénés de..,

Nᵒ 29. — Arrestation du nommé Lutz (Jules), 23 ans, né à Thiron-Gardais (Eure-et-Loir), soldat au 82ᵉ de ligne, en désertion.

Nᵒ 30. — Arrestation du nommé Marquet (Théophile), 22 ans, né à Montpellier (Hérault), maréchal des logis au 5ᵉ régiment d'artillerie, en absence illégale.

Nᵒ 31. — Arrestation du nommé Perrotin (Isidore), 22 ans, né à Valence (Drôme), soldat de 1ʳᵉ classe au 5ᵉ bataillon de chasseurs à pied, en flagrant délit de vol chez l'habitant.

Nᵒ 32. — Arrestation sur présentation volontaire (ou sur remise) du nommé Sirot (Hippolyte), 26 ans, né à Amiens (Somme), ébéniste, insoumis de la classe de 18...

CRIMES.

Nᵒ 1. — Arrestation (ou tentative d') commis sur la personne du nommé Delvas (Henri), 50 ans, rentier à Beaumont (Eure-et-Loir). Auteur : le nommé Lave (Jules), 25 ans, menuisier au même lieu (en fuite), ou auteur soupçonné, le nommé Destriez, etc., ou auteur inconnu.

Nᵒ 2. — Meurtre (ou tentative de meurtre)... comme au numéro 1.

Nᵒ 3. — Empoisonnement, — comme au numéro 1.

N° 4. — Infanticide (ou tentative) commis par la nommée Faure (Elisa), 19 ans, couturière à Is-sur-Tille (Côte-d'Or), sur son enfant nouveau-né. . ou âgé de...

N° 5. — Viol (ou tentative) commis sur la nommée Fayard (Louise), 15 ans, sans profession, demeurant à Tonnerre (Yonne), par le nommé Villard (Jean), 36 ans, marchand de vin au même lieu, ou auteur inconnu...

N° 6. — Attentat à la pudeur, — comme au numéro 5.

N° 7. — Attaque sur la voie publique, commise sur le nommé Bontin (François), 49 ans, percepteur à Ancy-le-Franc (Yonne), par le nommé Brose (Léon), 35 ans, journalier au même lieu ou auteur soupçonné le nommé X..., ou auteur inconnu...

N° 8. — Fabrication de fausse monnaie par le nommé Bernard (Jean), 28 ans, graveur à Bourg (Ain).

N° 9. — Emission de fausse monnaie par la nommée Greuze (Emma), 23 ans, femme Bernard (Jean), graveur à Bourg (Ain).

N° 10. — Incendie par malveillance (les gendarmes doivent se montrer très prudents dans la qualification d'incendiaire donnée à un individu, — il faut des preuves évidentes, ou des témoignages qui ne laissent aucun doute) d'une maison d'habitation au préjudice du nommé Martin (Auguste), rentier à

Avallon (Yonne). Auteur (ou auteur soupçonné), le nommé Tartus (Jean), 25 ans, domestique au même lieu (en fuite). Pertes, 10,000 francs environ ; assurance, 20,000 francs.

N° 11. — Tentative d'incendie d'une meule de paille, au préjudice du nommé Corot (Anastase), cultivateur à Cornus (Aveyron). Auteur inconnu. Perte nulle.

N° 12. — Menace d'incendie par le nommé Gigou (Aristide), 40 ans, chiffonnier, sans domicile fixe, au nommé Petit (Louis), cultivateur à X..., canton de...

N° 13. — Vol d'une somme de 20,000 francs, en numéraire, commis à l'aide d'effraction, au domicile et au préjudice du nommé Azaïs (Edouard), propriétaire à Cette (Hérault). Auteur soupçonné, le nommé Vacher (Louis), 30 ans, cordonnier au même lieu.

DÉLITS.

N° 1. — Vol (ou tentative de vol) d'une paire de souliers, estimée 12 francs, commis au domicile et au préjudice du nommé Beau (Jean), cordonnier à Malain (Côte-d'or). Auteur, le nommé Fabre (Henri), 25 ans, terrassier à Serres (Ariège).

N° 2. — Escroquerie (ou tentative d'escroquerie) d'une somme de 59 fr., commise au préjudice du nommé Lefebvre (Louis), épicier à Cambrai (Nord), par le nommé Perrin (Auguste), voyageur de commerce, demeurant à Lyon (Rhône).

N° 3. — Abus de confiance commis au préjudice du nommé Bose (Albert), journalier à Darcey (Côte-d'Or), par le nommé Castel (Alfred), 25 ans, agent d'assurances, demeurant à Courbevoie (Seine).

N° 4. — Rixe suivie de blessures entre les nommés Chalert (Léon), 18 ans, tailleur à Agde (Hérault); Grave (Ernest), 19 ans, boulanger à Blaizy-Bas (Côte-d'Or), et six autres individus désignés au procès-verbal.

N° 5. — Rébellion (ou insulte) envers la gendarmerie, par le nommé Dupré (Ernest), détenu pendant son transfèrement.

N° 6. — Délit de chasse, sans permis (ou en temps prohibé, ou avec engins prohibés, ou pour colportage de gibier en temps prohibé), commis par le nommé Baudot (Ernest), 25 ans, journalier à Saint-Pons (Hérault).

N° 7. — Délit forestier commis par le nommé Laflotte (André), 25 ans, journalier à Avène (Hérault).

N° 8. — Saisie d'un fusil appartenant à l'État, au domicile du nommé Marchand (Emile), 40 ans, serrurier à Montrouge (Seine).

N° 9. — Saisie de 50 kilog. de poudre... comme au n° 8.

N° 10. — Saisie d'un filet et autres engins prohibés dans la voiture du nommé Lamy (Jean), 45 ans, braconnier à Velars (Côte-d'Or).

N° 11. — Saisie d'un jeu de hasard, tenu sur la voie publique par le nommé Berthot (Lucien), 20 ans, bimbelotier à Roquemaure (Gard).

N° 12. — Saisie de 500 boîtes d'allumettes de contrebande (ou de toute autre marchandise de contrebande), abandonnée sur la voie publique ou au domicile du nommé Chabeuil (François), 30 ans, épicier à Liernais (Côte-d'Or).

N° 13. — Evasion des mains de la gendarmerie, pendant son transfèrement, du nommé Cabri (Jacques), 36 ans, ferblantier à Nevers (Nièvre), inculpé de vol, ou condamné à ..

N° 14. — Evasion de la chambre de sûreté du nommé Moras, etc..... (comme au au n° 13).

N° 15. — Vente de viande avec faux poids par le nommé Brochot (Claude), boucher à Bourges (Cher).

N° 16. — Mutilation d'arbres au préjudice du nommé Bouret (André), 42 ans, pépiniériste à Paulhau (Hérault).

CONTRAVENTIONS.

N° 1. — Contravention à la police du roulage, pour défaut de plaque, commise par le nommé Dumas (Joseph), 34 ans, cultivateur à Endisses (Côte-d'Or).

N° 2. — Contravention à la police du roulage, pour plaque illisible ou incomplète, par le nommé Mathieu (Léon), 33 ans, domestique du sieur Lay (Eloi), cultivateur à Perpignan (Pyrénées-Orientales).

N° 3. — Contravention à la police du roulage pour défaut de guides (1) — (comme ci-dessus).

N° 4. — Contravention à la police du roulage pour abandon de..., etc.

N° 5. — Contravention à la police du roulage pour excédant d'attelage, etc.

N° 6. — Contravention à la police du roulage pous excès de largeur de chargement, etc.

N° 7. — Contravention à la police du roulage pour défaut d'éclairage, etc.

N° 8. — Contravention à la police du roulage pour défaut de distance entre deux convois, etc.

N° 9. — Contravention à la police du roulage pour convoi irrégulier, etc.

N° 10. — Contravention à la police du roulage pour ne s'être pas rangé à l'approche d'une autre voiture, etc.

N° 11. — Contravention à la police du roulage pour avoir trotté sur un pont suspendu, etc.

N° 12. — Contravention à la police du roulage pour mise en service d'une voiture,

---

(1) Dans cette contravention, on comprend tous ceux qui ne sont pas en état de guider leurs chevaux, soit qu'ils dorment, soit qu'ils se tiennent éloignés de leur voiture.

sans autorisation, commise par le nommé Lange (Elie), 50 ans entrepreneur de messageries à Valence (Drôme).

No 13. — Contravention à la police du roulage pour défaut d'estampille à sa voiture, etc. (comme au no 12).

No 14. — Contravention à la police du roulage pour défaut d'indication du prix des places à l'intérieur de sa voiture, etc.

No 15. — Contravention à la police du roulage pour défaut de numérotage des places à l'intérieur de sa voiture, etc.

No 16. — Contravention à la police du roulage pour défaut d'affiche des règlements, etc.

No 17. — Contravention à la police du roulage pour défaut d'inscription des voyageurs, etc.

No 18. — Contravention à la police du roulage pour défaut de registre des plaintes par le nommé Birobert (Jules), 40 ans, entrepreneur de messageries à Mende (Lozère).

No 19. — Contravention à la police du roulage pour emploi d'un cocher de moins de 16 ans, par le nommé Julien (Calixte), 37 ans, entrepreneur de messageries à Saint-Affrique (Aveyron).

No 20. — Contravention à la police du roulage pour excédant de hauteur de chargement, par le nommé Meunier (Jules), 48 ans, cocher au service du sieur Mirbeau (Elie), entrepreneur de messageries à Saulieu (Côte-d'Or).

Nº 21. — Contravention à la police du roulage pour attache des colis en dehors de la bâche, etc. (comme au nº 20).

Nº 22. — Contravention à la police du roulage pour excédant de voyageurs, etc.

Nº 23. — Contravention à la police du roulage pour défaut d'enraiement de sa voiture, etc.

Nº 24. — Contravention à la police du roulage pour usage d'une lanterne sans réflecteur, etc.

Nº 25. — Contravention à la police du roulage pour défaut de feuille de route, etc.

Nº 26. — Contravention de simple police pour divagation d'un chien hargneux, par le nommé Lafond (Jean), 38 ans, propriétaire à Villeberny (Côte-d'Or).

Nº 27. — Contravention de simple police pour abandon d'une échelle sur la voie publique, etc. (comme au nº 26).

Nº 28. — Contravention de simple police pour lacération d'affiches, etc.

Nº 29. — Contravention de simple police pour bruit et tapage nocturnes, etc.

Nº 30. — Contravention de simple police pour excitation de son chien contre les passants, etc.

Nº 31. — Contravention de simple police pour défaut de retenue de son chien, etc.

Nº 32. — Contravention de simple police pour défaut d'échenillage, etc.

Nº 33. — Contravention de simple police pour embarras sur la voie publique, etc.

Nº 34. — Contravention de simple police, pour défaut d'entretien de sa cheminée commise par le nommé Simon (Jacques), 30 ans, aubergiste à La Roche-sur-Yon (Vendée).

No 35. — Contravention de simple police pour dégradation d'un chemin public, etc.

N° 36. — Contravention de simple police pour mauvais traitements envers un cheval, etc.

No 37 — Contravention de simple police pour défaut d'éclairage de son auberge, etc.

No 38. — Contravention de simple police pour défaut de registre des voyageurs, etc.

No 39. — Contravention de simple police pour défaut d'inscription sur son registre de voyageurs, etc.

No 40. — Contravention de simple police pour refus de communiquer son registre de voyageurs, etc.

No 41. — Contravention à la police des cabarets pour fermeture tardive, commise par le nommé Champion (Pierre), 35 ans, cafetier à Lunas (Hérault).

No 42 — Contravention à la loi sur l'ivresse publique, commise par le nommé Lambin (Edouard), 17 ans, sans profession, fils de Pierre, bourrelier à Vitteaux (Côte-d'Or).

No 43. — Contravention pour refus d'obtempérer à une réquisition, dans un incendie, une inondation ou autre sinistre, commise par le nommé Sauvage (Jules), 26 ans, propriétaire à Guillon (Yonne).

FAITS DIVERS.

Nº 1. — Incendie accidentel, occasionné par la foudre, d'une grange remplie de récoltes, au préjudice du nommé Chapuis (Jean), cultivateur à Villenotte (Côte-d'Or); pertes, 10,000 francs environ. Assuré à...

Nº 2. — Incendie dont la cause est inconnue d'une maison d'habitation, au préjudice, etc., — comme au nº 1.

Nº 3. — Commencement d'incendie, etc., — comme aux nºs 1 ou 2, suivant le cas.

Nº 4. — Mort accidentelle du nommé Melon (Auguste), 40 ans, messager à Posanges (Sarthe), occasionnée par une chute, ou écrasé par une roue de sa voiture, etc...

Nº 5. — Suicide par immersion du nommé Lefort (Baptiste), 24 ans, épicier à Foix (Ariège), attribué au mauvais état de ses affaires, à un affaiblissement de ses facultés mentales, etc. . . . .
. . . .

Nº 6. — Suicide par strangulation, etc., comme au nº 5.

Nº 7. — Suicide par asphyxie, etc., *id*.

Nº 8. — Suicide à l'aide d'un pistolet ou d'un fusil, etc., *id*.

Nº 9. — Suicide à l'aide d'un rasoir ou d'un couteau, etc., *id*.

Nº 10. — Suicide à l'aide de poison, etc. *id*.

Nº 11. — Renseignements demandés par M. le

Procureur de la République, sur un vol de volailles, imputé au nommé Pons (André), 29 ans, fermier à Saint-Georges (Mayenne).

N° 12. — Nouveaux renseignements demandés par M. le juge d'instruction sur un fait constaté par procès-verbal n° 63 de la brigade.

N° 13. — Recherches infructueuses, en vertu d'un mandat d'amener, du nommé Bottes (Louis), 40 ans, maçon à Fabrègues (Hérault), prévenu de vol.

N° 14. — Recherches infructueuses, en vertu d'un signalement, etc., comme au n° 13.

N° 15. — Recherches infructueuses en vertu d'un signalement n° 1, du nommé Paris (Jean), 25 ans, caporal au 1er de ligne, déserteur ou absent illégalement.

N° 16. — Recherches infructueuses, en vertu d'un signalement n° 1, du nommé Sancenot (Léon), 21 ans, domicilié à Bourges (Cher), insoumis de la classe de 18...

N° 17. — Découverte du cadavre d'un homme inconnu, paraissant âgé de 35 ans, jeté par les eaux de la Loire sur le territoire de la commune de..., etc.

N° 18. — Découverte du cadavre du nommé Verdot (Henri), 26 ans, boulanger à Verrey (Côte-d'Or), pendu dans le bois de cette commune, ou assassiné, ou dont la mort paraît être accidentelle, etc.

N° 19. — Renseignements demandés par..., sur

le nommé Guérin (Edouard), 22 ans,
réserviste de la classe de 18.., domicilié à Aisy (Yonne), qui demande
à être réformé pour perte d'un doigt.

N° 20. — Décès pendant son transfèrement du
nommé Lavoisier (Joseph), 27 ans,
condamné dirigé sur Grenoble pour
y subir une peine de deux ans de
prison.

N° 21. — Décès dans ses foyers du nommé Mo-
lière (Ernest), 23 ans, brigadier au
20° dragons, en congé de convales-
cence à Athie (Côte-d'Or) ; y joindre
une copie de l'acte de décès.

N° 22. — Déclaration faite à la gendarmerie par
le nommé Sonois (Ludovic), 53 ans,
sacristain à Villy (Côte-d'Or), rela-
tivement à un assassinat qui aurait été commis dans le bois de cette
commune.

N° 23. — Renseignements demandés par M. le
commandant du bureau de recrutement
de Montpellier sur le nommé Rouzier
(Pierre), jeune soldat de la classe de
18..., ou réserviste de la classe de...
en traitement à l'hospice... ou à l'a-
sile des aliénés de....

CHAPITRE III.

Rédaction du procès-verbal.

Nous avons indiqué d'une manière générale les conditions que devait remplir un procès-verbal ; sa rédaction, pour être bonne, exige de la part du gendarme, non pas tant l'absence de fautes d'orthographe, comme certains gendarmes le croient, qu'une facilité de narration unie à une connaissance parfaite du décret. Lorsqu'un militaire de la gendarmerie est chargé de mettre à exécution un mandat d'arrestation, par exemple, il doit relire attentivement (s'il en a le temps) tout ce qui concerne cet acte, de même dans toute autre circonstance.

Un jeune gendarme marche ordinairement avec le chef de brigade ou un ancien gendarme, la responsabilité est alors légère pour lui, ou du moins ses préoccupations sont moindres ; mais il doit profiter de cette situation et de la présence d'un camarade plus capable que lui pour déduire les motifs qui ont dicté telle ou telle formalité, et se rendre compte de l'article du décret, de la loi, du règlement qui a obligé l'agent de la force publique à agir de telle ou telle manière. Il est bon certainement de connaître par cœur les parties du décret qui concernent les gendarmes, mais il est encore meilleur d'en saisir l'esprit, le sens exact. Rentré chez lui, et laissant de côté le *Formulaire*, un gendarme nouvellement admis essaiera de refaire à son tour le procès-verbal qui a été dressé, il soumettra son travail à son chef de brigade, en le priant de le lui corriger. Cette correc-

tion de la part du brigadier ou du sous-officier
devra être raisonnée ; il est de son devoir de mettre sous les yeux de son inférieur le texte qui a
été oublié, de lui en démontrer l'importance, le
but, le résultat.

Cette méthode que nous préconisons amènera,
nous en sommes convaincus, des progrès sensibles
dans les débutants ; elle demande beaucoup de
bonne volonté et du zèle de part et d'autre.

Nous ne donnerons pas ici des formules de rédaction, persuadé que nous sommes que nous ne
ferions que faciliter la besogne aux paresseux.
Nous dirons seulement, comme données générales,
que le procès-verbal doit être le résultat des in-
vestigations personnelles des gendarmes et que
tous les détails qui y sont relatés doivent être
présentés dans l'ordre des faits. Lorsqu'on rapporte
une constatation ou une déclaration, il faut s'ex-
primer à la première personne (*j'ai vu, j'ai entendu*, ou, *nous avons vu, nous avons entendu*).
On évitera de cette manière les longueurs de phra-
ses, par suite les ambiguités, et la pensée, rendue
ainsi plus concise, sera aussi plus intelligible. Nous
le répétons, le procès-verbal est un récit écrit, une
narration écrite, c'est donc à *raconter* un fait que
les débutants doivent s'attacher. Cette première
difficulté surmontée, le reste viendra vite, et, sans
le secours d'aucun formulaire, les gendarmes ré-
digeront d'autant plus facilement qu'ils se pénétre-
ront mieux du sens et non de la lettre des articles
du décret.

Nous trouvons inutile d'énoncer dans un procès-
verbal, l'article, le paragraphe d'un code, d'une
loi, etc. Les gendarmes qui le font seraient bien
embarrassés de préciser ainsi, s'ils n'avaient pas

copié le renseignement, et le magistrat n'a pas besoin qu'on lui étale un bagage juridique complètement d'emprunt et souvent cité mal à propos.

Il résulte de cette manière de voir que, dans les procès-verbaux de la gendarmerie, après avoir exposé les faits, le rédacteur terminera en disant : et nous lui avons déclaré que nous lui dressions procès-verbal pour contravention à la police du roulage, ou à la police des cabarets, ou pour délit de chasse, etc. Ainsi donc, pour nous résumer, nous dirons : Dans la rédaction d'un procès-verbal, il y a : 1° l'analyse, 2° le préambule, 3° le corps du procès-verbal, 4° la clôture. Des règles fixes sont établies pour l'analyse, le préambule, — celui-ci est toujours imprimé dans les procès-verbaux de gendarmerie, — et la clôture ; mais, pour le corps du procès-verbal, tout le talent consiste à bien comprendre la nature du crime, du délit ou de la contravention qu'on a constaté, et à en présenter tous les éléments et tous les détails dans un ordre clair et méthodique. Les aptitudes spéciales que les gendarmes possèdent leur permettent de discerner, dans toutes les circonstances, s'il y a crime, délit ou contravention, et dans chacun de ces cas les mesures et formalités à observer leur sont familières. Ces connaissances s'acquièrent, d'ailleurs, par l'étude, comme nous l'avons dit, d'abord du décret qui a force de loi, et ensuite par la *lecture assidue* des lois, règlements, arrêtés, etc. Leur application peut rencontrer quelques difficultés ; aussi, dans le chapitre IV, avons-nous cru utile de réunir sous forme de Dictionnaire un grand nombre des principales difficultés que les gendarmes peuvent rencontrer.

CHAPITRE IV

Des différentes difficultés que les gendarmes peuvent éprouver dans la rédaction des procès-verbaux ou dans les recherches de documents qui sont d'une utilité et d'une application journalières.

~~~~~~~~~~~~

A

Acquittement. — Les gendarmes n'ont rien à voir dans l'acquittement d'un individu contre lequel ils ont dressé procès-verbal.

Aliénés. — Ne peuvent en aucun cas être conduits avec les prévenus ou les condamnés, ni déposés dans une prison. — Loi du 30 juin 1838, *Mémorial*, 8° v., p. 745.

Quand, par suite de danger, la gendarmerie a été requise pour arrêter un aliéné, elle doit le remettre aussitôt à l'autorité civile qui le fera conduire à l'hospice. En aucun cas, les gendarmes ne doivent les escorter.—Circulaire du 25 mai 1872, 8° v., p. 271 du *Mémorial*.

Les aliénés ne doivent jamais être conduits par la gendarmerie. Le maire doit les faire accompagner par un agent de la commune ou par un infirmier de l'hospice le plus voisin. A défaut, il doit télégraphier au directeur de l'établissement pour que celui-ci envoie un surveillant. (Lettre du ministre de l'intérieur du 11 mai 1877.)

Aliénés. — La gendarmerie a le droit de dresser procès-verbal, dans le cas de divagation, contre les personnes sous la surveillance desquelles est placé un fou furieux ; si l'interdiction de ce fou n'a pas été prononcée, la responsabilité civile et pénale incombe au père, à la mère, au tuteur ou curateur du mineur, à l'époux.

Aliénés. — La gendarmerie ne doit transférer aucun aliéné sans décision du préfet. C'est au maire à prendre les mesures provisoires à l'égard des personnes atteintes d'aliénation mentale. Mais il peut réclamer le concours de la gendarmerie dans le cas où la sécurité des personnes serait compromise, et seulement pour l'arrestation. Si l'aliéné est un prévenu ou un condamné, la gendarmerie doit exécuter le transfèrement sur réquisition.

Allumettes chimiques. — Les fraudeurs arrêtés sont conduits devant le directeur ou sous-directeur des Contributions indirectes. La détention d'allumettes chimiques autres que celles de la Compagnie constitue une contravention. La provision d'allumettes ne portant pas les marques légales ne doit pas dépasser un kilo.

Allumettes chimiques. — La gendarmerie n'a pas le droit de faire une perquisition domiciliaire dans le but de saisir les allumettes de contrebande

Animaux. — Mauvais traitements. — Verbaliser. (Loi du 2 juillet 1850.)

Le fait de tasser des veaux dans une charrette, de les suspendre par les pattes la tête en bas, constitue une contravention. — Cassation du 13 août 1858. (Voir la circulaire du 7 septembre 1859.)

Animaux abandonnés ou perdus, ou dont les

conducteurs sont arrêtés. — En faire la déclaration au juge de paix, au maire ou au commissaire de police, qui ordonne leur mise en fourrière. (Article 12, loi du 28 septembre 1791.)

Animaux morts non enfouis. — Prévenir l'autorité et la requérir de les faire enfouir. (Article 325 du 1er mars 1854.)

Animaux féroces. — Leurs conducteurs ne doivent pas s'écarter des grands chemins, ni circuler la nuit, ni entrer dans les bois, villages ou bourgs. En cas de désobéissance, les conduire devant le maire de la commune et verbaliser.

Arrêté de police municipale. — Il n'est pas nécessaire que l'arrêté pris par un maire soit approuvé par le préfet pour être exécutoire.

Arrestations. — Les individus arrêtés par la gendarmerie ou remis entre ses mains doivent être fouillés minutieusement, de façon à ne leur laisser aucun instrument dangereux. — (Circulaire du 25 septembre 1866, *Mémorial*, 7e v., p. 257.)

Attaques contre des militaires. — User de modération autant que possible, mais ne pas craindre de se servir de ses armes et arrêter ceux par qui les gendarmes sont injuriés. — (Circulaire du 14 février 1873, *Mémorial*, 8e v., p. 461, et du 30 novembre 1853, *Mémorial*, 4e v., p. 601.)

Audiences. — Tous les militaires qui comparaissent devant la justice civile ou militaire, soit comme témoins, soit comme experts, doivent quitter leurs armes avant de déposer, — même obligation s'ils assistent à l'audience comme simples curieux. — (Décision ministérielle du 10 décembre 1862, *Mémorial*, 7ᵉ v., p. 40.) Il en est de même s'ils se présentent pour prêter serment.

B

Bagages. — Voir chemins de fer.

Bouteilles contenant des billets et trouvées sur le littoral. — Doivent être remises à l'autorité maritime. (Circulaire du 2 septembre 1880.)

Bruits nocturnes. — Le tapage qui se produit la nuit dans l'intérieur d'une maison est punissable, dès qu'il peut être entendu du dehors de manière à troubler le repos public.

C

Caisse d'épargne. — Les militaires qui ont de l'argent à placer à la Caisse d'épargne doivent en faire le dépôt eux-mêmes. L'autorité militaire ne doit pas intervenir dans ces affaires. (Circulaire ministérielle du 11 août 1850; *Mémorial*, 4ᵉ v., p. 310.)

Casernes. — Les facteurs peuvent entrer dans les casernes pour présenter et recevoir des effets de commerce, factures, etc. (Note du 25 juillet 1879.)

Chambres de sûreté. — Elles ne doivent jamais servir de prison pour l'exécution des peines, même de simple police, ni pour y déposer les ivrognes. — Circulaire du 7 juillet 1870, *Mémorial*, 8ᵉ v., p. 160.

Il doit y en avoir une dans chaque caserne. — Circulaire du 12 mars 1874, *Mémorial*, 9ᵉ v., p. 26

L'entretien des chambres de sûreté incombe à l'entreprise générale des prisons, ainsi que la fourniture des aliments et du coucher. — Circulaire du 7 juillet 1870.

Les chefs de brigade tiennent un registre du dépôt des détenus transférés. A la fin de chaque trimestre, ils adressent au commandant, par la voie hiérarchique, un état des individus ayant séjourné dans la chambre de sûreté de leur caserne. — Circulaire du 8 juillet 1870, *Mémorial*, 8°, v., p. 761.

Chasse.

Arrestation. — Un individu surpris en flagrant délit de chasse, et qui offre une somme aux gendarmes pour qu'ils ne dressent pas procès-verbal, doit être arrêté.

Banderolles. — Les banderolles, *morceaux de papier* placés dans les haies pour effrayer les lièvres et les lapins, ne sont pas considérés comme engins prohibés.

Battues. — Il y a lieu de verbaliser contre les lieutenants de louveterie qui exécuteraient des battues sans autorisation du préfet, absolument comme pour toute autre personne.

Bêtes fauves. — Les cerfs, les chevreuils et les daims sont compris dans les bêtes fauves, et les propriétaires ont le droit de repousser ces animaux à l'aide d'armes à feu, lorsqu'ils font des incursions sur leurs terrains, à moins d'un arrêté du préfet ; dans ce cas, les propriétaires doivent demander une autorisation.

Chasse. — La gendarmerie ne doit jamais désarmer un chasseur ou un braconnier que dans les cas de menaces ou de rébellion.

Chasse. — La circulaire du 21 septembre 1820 défend aux sous-officiers, brigadiers et gendarmes de chasser, parce qu'il y a incompatibilité entre leurs fonctions et l'exercice de la chasse.

Chasse réservée. — Le propriétaire d'une chasse réservée n'est pas obligé de placer des poteaux indicateurs, lorsqu'il a fait publier qu'il se réservait le droit de chasse.

Chasse avec chanterelles. — Si le braconnier est rencontré porteur de la perdrix avec son cageot, bien qu'il ne se trouve pas en action de chasse, il faut saisir et dresser procès-verbal de la saisie. Mais si l'oiseau est détenu au domicile, il faut un ordre de perquisition.

Chasse par un employé de chemin de fer. — Un employé de chemin de fer est tenu d'avoir un permis pour chasser sur le terrain appartenant à la Compagnie.

Chasse de nuit. — Le fait de chasser en décembre, à 5 h. 1|2 du soir, par exemple, constitue un délit de chasse.

Colportage du gibier. — Il est accordé une tolérance de un ou deux jours après la fermeture de la chasse pour le colportage du gibier. (Circulaire du 22 juillet 1851.)

Saisie des engins. — Les engins et instruments de chasse prohibés ne peuvent être saisis sur les individus qu'autant qu'ils sont transportés d'une manière apparente.

Poursuite du chasseur. — Les gendarmes n'ont pas le droit de poursuivre un chasseur jusque dans son domicile à moins que celui-ci ne s'y oppose pas. (Arrêt de la cour de Limoges du 10 avril 1857.)

Armes abandonnées. — Les armes abandonnées sont saisies pour être déposées au greffe du tribunal, et si les gendarmes parviennent à découvrir les auteurs de la contravention, les poursuites sont exercées contre eux, conformément aux articles 471 et 472 du Code pénal.

Permis. — Les sous-préfets délivrent des permis de chasse. (Décret du 13 avril 1861.)

Chasse sur les routes. — Lorsqu'un règlement municipal défend de chasser sur les chemins publics qui traversent un bourg ou un village, l'infraction à cette défense constitue une contravention de simple police.

Chasse au miroir. — Est considérée comme une variété de la chasse à tir.

Chiens de chasse. — Un individu, muni d'une canne, qui exerce son chien à chasser avant l'ouverture, commet un délit.

Chien en quête. — On doit considérer comme se livrant à la chasse un individu, non armé, dont le chien d'arrêt ou courant est en quête dans un champ ou un bois, et si le propriétaire suit l'animal de manière à profiter du gibier capturé. Mais des chiens en quête, chassant à l'insu du propriétaire, ne constituent pas ce dernier en délit de chasse.

Importation de conserves de gibier. — Voir au *Mémorial* la circulaire du 25 mai 1883.

Colportage de bêtes fauves. — Un propriétaire, après avoir abattu un sanglier, un daim, un chevreuil, etc., en défendant sa propriété contre les incursions de ces animaux, ne commet pas un délit de chasse en temps prohibé, s'il se borne à rapporter chez lui l'animal tué.

Visite des paniers. — La gendarmerie ne peut pas visiter la panière ou la gibecière d'un passant ou d'un chasseur, pour s'assurer qu'ils contiennent du poisson ou du gibier.

Complicité. — Celui qui sert d'auxiliaire à un individu commettant un délit de chasse est complice.

Cris d'avertissement. — A l'arrivée de la gendarmerie, des cris répétés de proche en proche pour avertir les délinquants constituent un fait punissable. On doit encore considérer comme commettant un délit d'outrage à la gendarmerie l'individu qui, en action de chasse et porteur d'un permis, prend la fuite à l'aspect des gendarmes, comme s'il n'avait pas de permis.

Délit accessoire. — Un individu arrêté pour tout autre motif, un vol par exemple, est trouvé porteur d'une manière apparente d'engins prohibés ; la peine prononcée sera pour vol seulement, mais les gendarmes ne perdront pas pour cela le droit à la gratification.

Droits à la prime pour délit de chasse. — Si, en tournée, des gendarmes, sur les renseignements qui leur sont donnés, apprennent qu'un délit de chasse se commet actuellement, et si, s'étant rendus de suite sur les lieux, ils constatent que le chasseur est en flagrant délit, les signataires du procès-verbal ont seuls droit à la prime.

Durée du permis de chasse. — Un permis de chasse est valable pour un an : délivré le 15 octobre 1880, il est encore valable le 15 octobre 1881.

Engins prohibés. — Dans une propriété close, un propriétaire peut chasser avec appeau, mais non avec filets et engins prohibés.

Forêts de l'Etat. — On ne commet pas un délit de chasse en chassant sur une route qui traverse une forêt de l'Etat.

Furets. — En cas de délit de chasse avec un furet, on ne saisit pas cet animal.

Gibier vivant. — On ne peut pas dresser procès-verbal contre un individu qui, en temps permis, vend du gibier vivant.

Gibier blessé. — Une perdrix blessée et qui est saisie par un chien appartenant à un passant ne constitue pas ce dernier en délit de chasse

Gibier de mer. — La chasse doit cesser à l'époque prescrite dans les départements voisins de la mer aussi bien sur les grèves que sur les autres parties du territoire.

Habitation. — Des gendarmes qui voient commettre un délit de chasse dans un clos attenant à une habitation doivent s'abstenir de pénétrer sans mandat dans la propriété ; mais ils ne rédigent pas moins procès-verbal du délit.

Lapins de garenne. — Quand un arrêté préfectoral autorise les propriétaires à tuer les lapins, en tout temps, sur leurs propriétés, à l'aide de furets ou de bourses, il est permis d'employer des chiens à la recherche des pistes et terriers.

Lieutenants de louveterie. — Ne sont pas obligés de donner avis à la gendarmerie des battues qu'ils font avec autorisation du préfet.

Marchands de comestibles. — On peut saisir en temps prohibé une pièce de gibier mise en vente chez un marchand de comestibles, quand bien même ce dernier déclarerait l'avoir achetée pour sa consommation.

Ouverture de la chasse reportée à une autre époque. — Il n'est pas nécessaire qu'un arrêté reportant à une époque ultérieure l'ouverture de la chasse soit publié dix jours à l'avance. Il est exécutoire du « jour » de sa publication.

Permis de chasse délivrés par les sous-préfets. — Ces permis sont réguliers, et il ne faut pas dresser procès-verbal contre le porteur.

Permis de chasse à un garde champêtre. — Si un garde champêtre chasse à l'aide d'un permis qu'il a obtenu en dissimulant sa qualité, il commet un délit.

Plainte du propriétaire. — Il n'est pas besoin d'une plainte d'un propriétaire pour dresser procès-verbal contre un individu qui chasse sur une terre ensemencée qui n'est pas sa propriété.

Propriété close. — Un propriétaire possédant une maison d'habitation et des terrains attenant entourés d'une clôture continue ne peut pas chasser avec des engins prohibés.

Refus d'exhibition. — Le refus d'un chasseur d'exiber son permis de chasse ne constitue pas un délit de chasse ; mais alors il doit être conduit devant le maire comme inconnu présumé en délit de chasse.

Saisie du gibier. — En temps permis, la loi ne prononce pas la confiscation du gibier.

Saisie du gibier. — On ne doit pas saisir le gibier tué par un chasseur en délit de chasse, si ce chasseur est armé d'un fusil.

Temps de neige. — On doit déclarer saisie du fusil à un individu, muni d'un permis, et qui a chassé en temps de neige, mais ne pas le désarmer.

Temps de neige. — Le colportage du gibier n'est pas défendu par suite de la présence accidentelle et momentanée de la neige.

Temps de neige. — Pour que la neige suspende la chasse, il faut qu'elle subsiste et couvre le sol.

Terrain récolté. — Sur ce terrain, il y a présomption pour que le propriétaire n'empêche pas d'y chasser.

Terrain clos. — Pour qu'un terrain soit clos, il faut que la clôture soit continue et fasse obstacle à tout animal voulant y pénétrer.

Transport de gibier. — En temps prohibé, lorsqu'un messager transporte du gibier, la gendarmerie ne doit pas s'abstenir de dresser procès-verbal, parce que le messager ou le facteur donne pour excuse qu'il ignorait ce que contenait la caisse ou le panier.

Le gibier tué en temps prohibé est saisissable, parce que le transport est défendu.

Prescription. — Il y a prescription : 1° pour

Traqueurs. — Les auxiliaires ne sont pas tenus d'avoir un permis. Ils ne sont pas regardés comme en délit lorsque ceux qui les ont loués chassent sans permis ou sans permission du propriétaire ; mais cette immunité cesse si les traqueurs se sont entendus avec les chasseurs pour se livrer à une chasse en délit, en temps prohibé, par exemple.

Chemin de fer.

Chemin de fer. — L'indemnité kilométrique de transport est augmentée de dix centimes lorsque le prix des places est supérieur à dix francs. (Circulaire du 21 juin 1872.)

En cas de refus de délivrance d'un billet à prix réduit par un employé de la compagnie des chemins de fer, se reporter à la circulaire du 25 novembre 1872, qui indique ce qu'il faut faire.

Chemin de fer. — Sur la réquisition d'un chef de gare, un gendarme de service au chemin de fer doit procéder à l'arrestation d'un voyageur qui, muni d'un billet de 2° classe, s'installe en 1re, refuse d'exhiber son billet et ne fait pas connaître son identité.

Chemin de fer. — Les chefs de gare ne peuvent réquérir les gendarmes pour constater une infraction en matière d'exploitation, puisqu'ils ont qualité pour le faire. Mais ils peuvent les requérir pour leur prêter main-forte.

Chemin de fer. — Un chef de gare a le droit de requérir un gendarme pour opérer l'arrestation d'un voyageur n'ayant point de billet et sans argent pour en prendre un. Ou l'individu est inconnu et sans papiers, et alors, en le conduisant devant le maire, le juge de paix ou le commissaire de police, il faut demander à ces magistrats une réquisition écrite qui devra être jointe au procès-verbal ; si l'individu est connu, le gendarme se bornera à rendre compte à son chef de brigade, sans procéder à l'arrestation.

Chemin de fer. — Un gendarme de planton au chemin de fer n'est pas obligé d'attendre l'heure d'ouverture d'une gare aux voyageurs pour y pénétrer.

Constatation des infractions à la police des chemins de fer. — Les gendarmes n'ont pas qualité pour dresser procès-verbal des crimes, délits ou contraventions relatifs à la police des chemi s de fer. (Art. 23 de la loi du 15 juillet 1845, *Mémorial*, 3e v., p. 401.)

Mais ils doivent cependant intervenir dans les cas dont il s'agit et rendre compte par des rapports. (Circulaire ministérielle du 1er octobre 1830, *Mémorial*, 6e v., p. 471.)

Les chefs de gare n'ont aucune autorité sur la gendarmerie, ils peuvent la requérir pour leur prêter main-forte, mais non pour en user comme bon leur semble. L'article 64 du cahier des charges annexé au décret du 11 juin 1869 dit que les agents et gardes qui sont établis par la Compagnie, soit pour opérer la perception, soit pour la surveillance et la police des chemins de fer, sont assimilés aux gardes champêtres.

Le chef de gare n'est pas un fonctionnaire public (jugement du tribunal de la Seine du 18 novembre 1845); il y aurait de sa part erreur à supposer que c'est pour faire, « sous sa direction et sa responsabilité », la police de la gare, qu'un gendarme est envoyé en service dans l'enceinte de celle-ci. En cas d'infraction, le gendarme agit soit spontanément, soit sur la réquisition du chef de gare, que celui-ci a le droit de lui adresser comme chef de maison, mais en observant, comme pour les commissaires de police, de ne pas se servir des expressions « voulons, ordonnons ».

Service du planton dans les gares. — A l'arrivée des trains et avant l'entrée en gare, le gendarme de service doit se porter sur le quai de débarquement, prendre une attitude militaire et conserver l'immobilité, faisant face au train, jusqu'à ce que celui-ci soit arrêté.

Pendant que le train reste en gare, le gendarme de service doit aller et venir de la tête à la queue du train, en conservant toujours une démarche assurée, attentive et correcte.

Au moment où le train est en partance, il doit se porter sur le quai, de la même manière qu'il a été indiqué pour l'arrivée. (Circulaire du 15 décembre 1878. *Mémorial*, 9ᵉ v., p. 731.)

La même circulaire traite de la nature du service de la gendarmerie dans les gares. (Voyez aussi la circulaire du 23 octobre.)

La circulaire du 16 janvier 1865 défend aux militaires de la gendarmerie de suivre la voie « ferrée sans une nécessité absolue et bien déterminée ».

Mobilier. — Le transport du mobilier des gendarmes changeant de résidence est effectué aux frais de l'Etat. (Circulaire du 19 mars 1884.)

Chiens qui aboient contre les passants. — Verbaliser. (Art. 466 du Code pénal.) Les chiens qui attaquent les passants peuvent être abattus et le propriétaire ne peut demander des dommages-intérêts.

Circonscription de brigade. — Un gendarme « en uniforme » peut verbaliser sur tout autre territoire que celui de sa circonscription.

Citations. — Les juges de paix n'ont pas le droit d'employer la gendarmerie à porter des citations aux témoins.

Citations. — A défaut d'huissier, les gendarmes peuvent être employés à porter des citations aux témoins, lors du transport du procureur de la République ou du juge d'instruction.

Colportage d'allumettes de contrebande par des mineurs. — Les gendarmes, en arrêtant des mineurs colportant des allumettes de contrebande, n'ont pas droit à la prime. Ceux de ces mineurs qui seraient sans moyens d'existence doivent être conduits devant le procureur de la République.

Colportage de journaux. — Les colporteurs ou distributeurs de journaux ne peuvent exercer cette profession sans avoir fait la déclaration prescrite par la loi du 9 mars 1870 et être porteurs d'un récépissé. (Loi du 17 juin 1880 et circulaire du 12 août 1880.)

Commissaires de police. — Bien qu'aux termes de l'article 118 du décret du 1er mars 1854, les commissaires de police aient le droit de requérir la gendarmerie dans l'exercice de leurs fonctions, ils ne doivent en user qu'avec réserve, et seulement quand il est nécessaire d'appuyer l'autorité d'une force matérielle. (Circulaires ministérielles des 16 et 21 juillet 1853, *Mémorial*, 6e v., p. 354.)

Commandement intérimaire ou provisoire. — En cas de commandement intérimaire ou provisoire, il faut se conformer, pour la signature de la correspondance officielle, à la formule prescrite par la circulaire ministérielle du 10 mai 1853, — *Mémorial*, 4e v., p. 564.

Contrainte par corps. — Quand une contrainte par corps est décernée contre une personne insolvable et digne de compassion, les gendarmes peuvent surseoir à son incarcération, sauf à en rendre compte immédiatement, mais ils doivent s'abstenir de faire des collectes en sa faveur. (Circulaire minist. du 13 décembre 1858, *Mémorial*, 5e v., p. 393.)

Contrebande. — Pour la constatation des boissons et liquides transportés en fraude, les gendarmes doivent s'assurer si les quantités composant le chargement concordent avec celles énoncées sur l'expédition, et reconnaître si la nature du liquide est conforme. (Articles 10 et 15 de la loi du 28 février 1846.)

En cas de fraude, il faut saisir la totalité du chargement et joindre au procès-verbal l'expédition irrégulière, pour être transmis au directeur des Contributions indirectes. (Article 17 de la même loi.)

A défaut d'acquit à caution, il faut saisir le chargement. (Art. 84 de la loi du 15 mai 1818.)

D

Décorations. — Les individus porteurs de décorations officielles ne doivent pas se montrer en public montés sur des tréteaux et revêtus de leurs insignes. — Ces saltimbanques doivent, dans ce cas, être signalés à l'autorité administrative. Circulaire du 17 septembre 1875, *Mémorial*, 9° v., p. 278.)

Décorations. — Elles ne peuvent, dans aucun cas, servir de réclame à une maison de commerce et figurer sur des produits dont elle a récompensé l'inventeur. — Toute contravention à cette interdiction sera signalée. (Avis du 10 février 1879, *Mémorial*, 10° v., p. 28.)

Déménagements en fraude. — Un propriétaire ne peut pas requérir la gendarmerie dans le cas où un de ses locataires déménage frauduleusement. Mais la gendarmerie doit intervenir si ce propriétaire est l'objet de violences de la part de son locataire, et seulement pour les faire cesser.

Devoirs religieux. — Le décret du 10 août 1872, relatif aux facilités accordées aux militaires pour remplir leurs devoirs religieux, est applicable à la gendarmerie, mais à la condition de ne pas entraver l'exécution du service. (Circulaire du 18 novembre 1872, *Mémorial*, 8° v., p. 411.)

Domicile et résidence. — Le changement de domicile est l'abandon du lieu qu'on habite, le changement de résidence n'est qu'une absence plus ou moins prolongée du domicile qui reste le même. Les prescriptions qui concernent la gendarmerie, dans l'un ou l'autre cas, sont reproduites dans l'Instruction du 28 décembre 1879. (*Mémorial*, 10° v., p. 159.)

E

Effets des militaires décédés. — Les effets des militaires en congé ou en permission, déserteurs ou disparus, doivent être envoyés par la correspondance des brigades à l'hôpital le plus voisin recevant des militaires. (Circulaire du 1er mars 1880.)

Elections. — Rôle de la gendarmerie dans les élections ; observer la plus grande réserve, ne pas s'écarter de l'impartialité imposée à la gendarmerie par la nature de ses fonctions et assurer le maintien de l'ordre et la liberté des votes. (Circulaire du 16 janvier 1876, *Mémorial*, 9° v., p. 349, et circulaire du 7 octobre 1877, *Mémorial* 9° v., p. 534.)

Elections. — Les militaires de la gendarmerie en activité de service ne doivent pas voter, à l'exception de ceux qui se trouvent en congé régulier dans la commune où ils ont leur domicile légal et sur les listes de laquelle ils sont inscrits. (Circulaire du 26 octobre 1874, *Mémorial*, 9º v., p. 119.)

Enfant de troupe. — Un enfant de troupe arrêté en vertu d'un signalement nº 1 ou d'un bulletin de recherche n'est pas considéré comme déserteur, et son arrestation ne donne droit à aucune prime.

Engins prohibés. — Si, par suite d'une arrestation qui met évidemment la gendarmerie dans l'obligation de fouiller l'individu arrêté, il est trouvé porteur, non d'une manière apparente, d'engins prohibés, la saisie est nulle.

Enregistrement et timbre. — En sont affranchis, les procès-verbaux en matière de crimes et de délits ou ayant rapport à des faits ne donnant pas lieu à poursuite.

Y sont compris, les procès-verbaux de contraventions de simple police et ceux concernant des contraventions aux règlements de police ou d'imposition qui sont du ressort des tribunaux correctionnels, tels que chasse, poste, douane, délits ruraux, etc.

En matière de roulage, l'enregistrement doit avoir lieu dans le délai de trois jours, sous peine de nullité. (Article 19 de la loi du 30 mai 1851.)

Voir les circulaires des 16 janvier et 2 mars 1857 pour l'enregistrement des procès-verbaux des brigades où il n'existe pas de bureau d'enregistrement. Si cette formalité n'est pas remplie, les rédacteurs ne peuvent en être rendus responsables. (Circulaire des 1er octobre et 4 novembre 1856.) Mais, s'il y a un bureau dans la résidence, les rédacteurs peuvent être condamnés à cinq francs d'amende par procès-verbal non enregistré.

En Corse, les procès-verbaux ne sont pas enregistrés (Cass., 23 janvier 1875.)

En matière de douanes et de contributions indirectes, l'enregistrement a lieu par les soins des receveurs de l'enregistrement auxquels les procès-verbaux sont remis ou envoyés par la poste, conformément à la circulaire du 20 janvier 1877. Avis du dépôt ou de l'envoi de ces pièces en est donné au receveur des Contributions indirectes sur une formule imprimée à cet effet. (Circulaire du 20 janvier 1877, *Mémorial*, 9e v., p. 440.)

Le défaut d'enregistrement d'un procès-verbal n'est pas une cause de nullité (art. 154 du Code d'instruction criminelle), excepté pour les procès-verbaux en matière de roulage, comme nous l'avons dit plus haut.

Escortes de poudre. — En chemin de fer, les gendarmes ont le droit de prendre place avec les conducteurs du train. Au retour, s'ils le jugent possible, les chefs de gare peuvent autoriser les gendarmes à monter dans un train de marchandises.

Escorte des militaires en chemin de fer. — Les militaires escortés en chemin de fer doivent être séparés des autres voyageurs et transportés en 2e classe, quel que soit leur nombre, jusqu'à concurrence de dix par wagon, y compris l'escorte. (Article 25 de l'Instruction du 5 mai 1863, *Mémorial*, 7e v., p. 275.)

Escortes de prisonniers. — Le nombre d'hommes d'escorte est fixé par la gendarmerie qui est responsable des évasions. (Circulaire du 19 octobre 1855.)

Escortes de jeunes détenus. — Le nombre de gendarmes est laissé à la disposition du commandant d'arrondissement. Un seul gendarme peut être commandé. (Circulaire du 14 mars 1855.)

Escorte de prisonniers. — Si le détenu est dans l'impossibilité de marcher, les chefs de brigades peuvent délivrer des bons de convois. (Article 10 du cahier des charges du 17 avril 1874.)

Escorte d'un militaire sortant de prison. — Lorsqu'il y a lieu de supposer qu'un militaire sortant de prison ne se rendra pas à sa destination, on doit le faire voyager sous escorte de la gendarmerie. (Circulaire ministérielle du 4 mars 1874, *Mémorial*, 9e vol., p. 23.)

Escroquerie. — Quiconque, sachant qu'il est dans l'impossibilité de payer, se sera fait servir des boissons ou des aliments qu'il aura consommés en tout ou en partie, commet une escroquerie.

Établissements publics.

Bal de noce. — Les règlements concernant la fermeture des cafés ne sont pas applicables aux bals de noce donnés dans ces établissements, à condition, toutefois, que le cafetier soit muni d'une autorisation et que l'établissement soit interdit aux personnes étrangères. Les musiciens employés dans ces sortes de réunion peuvent se faire servir à boire et à manger après l'heure de fermeture du café.

Bals publics. — Lorsqu'il n'existe pas de règlement à leur égard, quand bien même on y prendrait des consommations, l'heure de la fermeture n'est pas la même que pour les débits de boissons. Cependant, si ces bals sont annexés à un débit, il y a lieu de verbaliser pour fermeture tardive. Le café doit fermer et le bal reste ouvert.

Bastides, cabanons. — Ne sont pas assimilés à une maison d'habitation. Une propriété fermée par des pieux que relient des fils de fer n'est pas considérée comme close.

Boissons emportées à l'extérieur. — L'aubergiste qui livre, après l'heure de fermeture, des boissons pour être consommées à l'extérieur commet une contravention.

Bureau des messageries dans un hôtel. — Les individus qui tiennent un hôtel, un café, un cabaret dans lesquels se trouve un bureau des messageries ne commettent pas une contravention lorsqu'ils restent ouverts pour la rentrée et la sortie des voyageurs. Cette exception ne concerne pas les cafetiers établis à proximité des gares.

Cafés. — Le maître d'un café a le droit de servir des repas dans son établissement.

Changement de propriétaire. — Un cabaretier vend son établissement à un autre individu, l'autorisation ne passe pas de droit à son successeur.

Commissaire de police. — Un commissaire de police peut requérir la gendarmerie pour l'aider dans l'évacuation d'un café ou cabaret, après l'heure de fermeture.

Dépendances. — L'obligation d'évacuer un débit de boissons à l'heure de la fermeture s'applique aux dépendances.

Dépendances des cabarets. — Les consommateurs qui, dans un cabaret, se sauvent dans une des chambres faisant partie du logement du cabaretier, ne peuvent pas être considérés comme étant dans une habitation privée.

Fermeture des débits de boissons. — Un aubergiste dont l'établissement est ouvert après l'heure de fermeture ne peut pas se prévaloir que son horloge est en retard.

Fermeture des auberges. — Le fait que la porte d'une auberge a été trouvée ouverte après l'heure fixée pour la fermeture ne constitue pas une contravention. Mais ceci ne s'applique qu'à ceux qui sont à la fois « logeurs » et « cabaretiers ».

Fermeture des débits de boissons. — Pour que ces établissements puissent être considérés comme fermés, il faut que la porte ne puisse être ouverte et que les volets soient fermés.

Heure de fermeture des cabarets. — L'heure de fermeture est celle indiquée par l'horloge communale ; dans le cas où cette dernière n'existerait pas, l'indication donnée par les gendarmes suffit.

Hôtels. — Ces établissements peuvent rester ouverts à toute heure du jour et de la nuit pour les personnes qui ont besoin de prendre un repas ou de coucher. Il en est de même des restaurants.

Jeux de hasard. — Ces sortes de jeux sont interdits non seulement sur la voie publique, mais même dans les cafés, cabarets, etc... Arrêter les individus qui les tiennent. Une circulaire du ministre de l'Intérieur, du 9 janvier 1857, rappelle les dispositions de l'article 475 du Code pénal, relatif aux loteries et jeux de hasard.

Liberté de profession des aubergistes. — Aucune peine ne peut être prononcée contre un aubergiste qui refuse de donner à boire à un voyageur, ou de le loger.

Logeurs. — L'obligation d'inscrire un voyageur ne commence qu'après l'expiration de la nuit passée à l'hôtel par ce voyageur.

Maisons de tolérance. — Un gendarme à la recherche d'un malfaiteur a-t-il le droit d'entrer dans une maison de cette sorte? — Sans aucun doute, et il peut même se faire représenter le registre que les maîtres de ces maisons doivent tenir comme logeurs.

Ouverture illégale. — Un cabaretier dont l'établissement a été fermé commet un délit justiciable des tribunaux correctionnels, s'il continue à rester ouvert.

Parents, amis. — Un cabaretier ne peut garder dans son établissement des parents ou amis à consommer après l'heure de fermeture.

Pensionnaires d'un hôtelier. — Les pensionnaires d'un hôtelier qui tient en même temps un café peuvent prendre leurs repas après l'heure fixée pour la fermeture.

Registre d'hôteliers. — Verbaliser contre ceux qui ne tiennent pas ces registres ou refuser de les présenter. (Article 475 du Code pénal.)

Repas ou consommations non payés. — Quand l'identité du consommateur ne peut être établie, le fait motive l'arrestation.

Repas pris dans un café. — Un repas pris dans un café-restaurant ou un café ordinaire, après l'heure réglementaire de fermeture, constitue le maître de l'établissement en état de contravention, quand bien même ce repas serait pris par un voyageur.

Visites de nuit. — La nuit, après l'heure de fermeture, les gendarmes peuvent demander l'entrée d'un débit de boissons, s'ils sont certains que des consommateurs sont à l'intérieur. En cas de refus, ils dressent procès-verbal de ce qu'ils ont vu ou entendu.

Voyageurs logés dans les hôtels. — Les voyageurs ou pensionnaires « logés » dans les hôtels peuvent, après l'heure de fermeture, jouer et prendre des consommations dans la salle de l'établissement.

———

Exécution militaire. — Les gendarmes commandés de service pour une exécution militaire ne doivent pas être chargés de bander les yeux au condamné. (Décret du 25 octobre 1874.)

Extraction des détenus. — Ce service doit être fait autant que possible par les huissiers, mais jamais par la gendarmerie concurremment avec les huissiers. (Circulaires des 12 septembre et 20 décembre 1877, pages 527 et 546 du 9° v. du *Mémorial.*)

F

Feu d'artifice. — Le fait de tirer un feu d'artifice ne constitue pas une contravention. Le Code pénal ne punit que ceux qui auront violé la « défense » de tirer en « certains lieux ».

Feux allumés dans les champs. — Voir la loi du 6 octobre 1791.

Flagrant délit. — Les dispositions sur le flagrant délit ne s'appliquent qu'aux crimes, c'est-à-dire à un fait de nature à entraîner une peine afflictive ou infamante. Dans un vol simple, par exemple, commis par un individu ayant « domicile dans la localité », il n'y a pas lieu d'arrêter le voleur.

Flagrant délit. — L'individu arrêté en état de flagrant délit doit être conduit sans délai devant le procureur de la République. (Lois du 20 mai 1863 et du 14 juillet 1865.)

En cas de flagrant délit, les gendarmes peuvent requérir les citoyens de leur prêter main-forte, sans l'autorisation du maire. (Cassation du 24 novembre 1865.)

Fruits tombés. — Le fait de ramasser dans un panier des fruits tombés au pied d'un arbre constitue un délit de la compétence du tribunal correctionnel.

G

Gardes champêtres. — Ils ont qualité pour constater les contraventions aux arrêtés des maires et des préfets que réprime l'art. 471, n° 15, du Code pénal. Loi du 24 juillet 1867.

H

Honneurs funèbres. — Les honneurs funèbres ne sont rendus que dans les villes de garnison, et la gendarmerie ne doit pas remplacer la troupe de ligne à qui incombe ce service. (Décision présidentielle du 2 novembre 1874.)

Hôpitaux. — Les brigadiers et gendarmes admis dans les hôpitaux thermaux jouissent des avantages concédés aux sous-officiers de l'armée en ce qui concerne le traitement, le placement dans les salles et le régime alimentaire. (Circulaire ministérielle du 20 avril 1861 ; *Mémorial*, 6° v., p. 659.)

Il est de même dans les hôpitaux civils et militaires. (Circulaire du 25 août 1880.)

Huissiers. — Les huissiers ne peuvent pénétrer dans une caserne pour y exercer des poursuites, sans être préalablement pourvus d'une permission du commandant de la compagnie. (Circulaire du 6 novembre 1855 ; *Mémorial*, 5° v., p. 288.)

Ces permissions ne sont pas nécessaires pour la remise des citations. (Circulaire du 16 décembre 1880.)

En opérant une saisie dans une caserne de gendarmerie, l'huissier doit excepter les obje's déclarés insaisissables. (Circulaire ministérielle du 6 novembre 1855.)

1

Indépendance du rédacteur d'un procès-verbal. — Un supérieur quelconque ne peut empêcher un gendarme de dresser procès-verbal d'un fait dont ce dernier a été témoin.

Infractions commises par des militaires. — Les infractions à la loi sur la chasse, la pêche, les douanes, les contributions indirectes, les forêts, la grande voirie et les octrois ne sont pas punies par les conseils de guerre.

Injures ou diffamation adressées à une administration. — Lorsque la diffamation et les injures sont adressées collectivement, c'est au chef de l'administration à déposer la plainte. Il n'en est pas de même lorsque les injures sont personnelles.

Insoumis. — Les insoumis sont conduits devant le commandant du bureau de recrutement, s'ils appartiennent à la circonscription du bureau de recrutement ; dans le cas contraire, ils sont dirigés sur le chef-lieu du corps d'armée, par le commandant de gendarmerie.

Les insoumis rentrant volontairement de l'étranger peuvent rejoindre en liberté pourvus d'une feuille de route. (Circulaire du 13 octobre 1879.)

Instruction primaire. — Une circulaire du

4 juin 1880 recommande aux gendarmes de ne pas prendre de leçons d'instruction primaire auprès des Frères et des curés.

Ivresse publique et manifeste. — La loi sur l'ivresse ne prononce pas de pénalité contre le débitant qui a laissé boire un consommateur jusqu'à l'ivresse ; il faut, pour qu'il y ait contravention, que le débitant ait donné à boire à un homme déjà manifestement ivre.

Ivresse. — La gendarmerie doit se refuser à recevoir dans les chambres de sûreté un individu ivre que des personnes lui amènent : c'est au violon qu'il doit être conduit.

Ivresse. — Quand un militaire est en état d'ivresse, il est recommandé aux supérieurs de ne jamais agir par eux-mêmes pour le faire rentrer dans l'ordre. (Note ministérielle du 22 septembre 1849, *Mémorial*, 4° vol., p. 208.)

Les lois et circulaires relatives à l'ivresse sont contenues dans le 8° vol. du *Mémorial*, p. 314, 449, 464 et 547.

J

Jet d'immondices volontaires ou non sur quelqu'un. — Verbaliser. (Art. 475 du Code pénal.)

Jeux de hasard. — Ni l'écarté, ni le piquet, ni tout autre jeu dans lequel il entre certaines combinaisons ne peuvent être réputés jeux de hasard. (Cassation, 8 janvier 1857 et 1858.)

Juge de paix. — Il peut appeler dans son cabinet un chef de brigade ; de même les gendarmes, s'ils sont appelés verbalement par ce magistrat pour témoigner, doivent se rendre à cette invitation.

Justice de paix. — Un chef de brigade a le droit, sur réquisition du juge de paix, de déposer pendant vingt-quatre heures à la chambre de sûreté un individu qui a troublé une audience de justice de paix. Mais il faut qu'il n'y ait pas de maison d'arrêt dans la résidence.

L

Légionnaires. — Il est recommandé aux maires d'informer la gendarmerie des décès des membres de la Légion d'honneur ou des décorés de la médaille militaire. (Circulaire ministérielle du 9 janvier 1873 ; *Mémorial*, 8e vol., p. 444.)

Loutre. — N'est pas considéré comme gibier.

Lunettes. — Autorisation d'en porter sous les armes pour les militaires qui sont dans l'obligation d'en faire usage. (Circulaire du 12 mai 1877.)

M

Main-forte, — Tout militaire en activité de service ou en congé doit prêter main-forte à la gendarmerie. (Circulaire du 23 juin 1869.)

Mandat d'amener. — Ne donne pas le droit de

faire une perquisition dans une maison, pour signifier le mandat à celui qui en est l'objet.

Mandats. — Quatre sortes de mandats : 1° Mandat d'arrêt. — L'individu arrêté est écroué directement à la maison d'arrêt. 2° Mandat d'amener. — L'individu est amené, même par la force, devant le juge mandant. 4° Mandat de dépôt. — Est décerné, ordinairement, à la suite du mandat d'amener. — Il oblige les gendarmes à conduire l'individu dans la maison d'arrêt désignée, afin que le magistrat puisse procéder à un plus ample informé 4° Mandat de comparution. — Est notifié à l'individu qui en est l'objet, ce qui le met dans l'obligation de comparaître devant le magistrat, mais de son plein gré, sans que les gendarmes aient à l'y contraindre.

Mandats de justice. — Les mandats de justice peuvent être transmis directement aux chefs de brigade ; ceux-ci doivent en rendre compte immédiatement au commandant d'arrondissement. (Circulaire ministérielle du 27 novembre 1855 ; *Mémorial*, 5e vol., p. 294.)

Marques extérieures de respect — Les gendarmes ne doivent pas le salut aux sous-officiers médaillés des autres armes. Les sous-officiers des autres armes, non médaillés, ne le doivent pas non plus aux gendarmes médaillés. (Circulaire ministérielle du 30 septembre 1872 ; *Mémorial*, 8e v., p. 404.)

Les légionnaires qui portent les décorations réglementaires sur un habit civil n'ont pas droit aux marques extérieures de respect. (Décret du 17 février 1876 ; *Mémorial*, 8e vol., p. 366.)

Marques extérieures de respect. — Les gendarmes doivent le salut aux officiers des douanes et des forêts en uniforme. (Circulaire du 3 janvier 1878) et aux officiers de pompiers en uniforme. (Circulaire du 4 novembre 1874.)

Marseillaise. — L'hymne des Marseillais sera exécuté par les musiques militaires lorsqu'elles seront appelées à jouer un air officiel. (Circulaire du 24 février 1879, rappelant le décret du 26 messidor an III.)

Médecins. — Dans les villes de garnison où se trouvent des médecins militaires, l'un deux, ou même plusieurs s'il y a opportunité, est désigné par le général pour donner gratuitement et à domicile les soins nécessaires aux militaires de l'arme, à leurs femmes et à leurs enfants. (Circulaire ministérielle du 1er février 1853 ; *Mémorial*, 4° v., p. 542, et art. 15 et 73 du règlement du 27 décembre 1883.)

Mendiants. — Doivent être conduits dans les 24 heures devant l'officier de police judiciaire de l'arrondissement. Il est nécessaire d'établir des procès-verbaux distincts pour les individus arrêtés afin que l'état récapitulatif mensuel n° 34 soit exact et puisse être établi.

Mendiants et vagabonds. — Les arrêter.

Militaires isolés. — La circulaire du 2 juin 1855 prescrit les mesures à prendre à l'égard des militaires isolés qui se détournent de leur itinéraire lorsqu'ils rejoignent leur corps.

Mobilisation. — Les devoirs de la gendarmerie, en cas de mobilisation, sont contenus dans l'instruction très confidentielle du 20 décembre 1880.

Mode de notification de l'ordre de route destiné aux hommes de la disponibilité, de la réserve et de l'armée territoriale. (Voir l'instruction du 16 février 1881.)

L'instruction sur l'administration des hommes de tout grade de la disponibilité, de la réserve et de l'armée territoriale dans leurs foyers est datée du 28 décembre 1879 et est insérée à la page 256 et suivantes du 10ᵉ volume du *Mémorial*. Elle doit être connue de la gendarmerie en ce qui concerne :

Le mode de remise des livrets par la gendarmerie ;

Les surcharges ou ratures sur les livrets ;

Les changements de domicile ou de résidence ;

Ce qui résulte d'une résidence prolongée ;

Les formalités à remplir pour une absence de plus de deux mois ;

La tenue des carnets nᵒˢ 1 et 2 ;

La tenue du carnet à souche (modèle nº 13) ;

La tenue des listes par commune ;

Les inscriptions à faire sur ces listes ;

Les comptes-rendus des condamnations subies par les gradés dans leurs foyers ;

Les mesures coercitives ;

Les dispositions spéciales à l'armée de mer ;

La loi relative à la mobilisation par voie d'affiches et de publication sur la voie publique est datée du 13 mars 1875 et est insérée à la page 197 du 9ᵉ volume du *Mémorial*.

Voyez aussi le mot prévôté, pour ce qui concerne le service de l'administration de la gendarmerie aux armés et le mot *réquisition* pour les chevaux, mulets et voitures requis en cas de mobilisation.

Monnaie. — Refus de recevoir des monnaies ayant cours. — Verbaliser (Art. 475 du Code pénal.)

N

Nettoyage et entretien de la buffleterie, des galons en argent, des cuirs de harnachement et des chapeaux. (Instruction du 13 août 1872, *Mémorial*, 8ᵉ v., p. 396.) Cette instruction donne la manière de préparer et d'employer le jaune et l'encaustique.

Noyés et asphyxiés. — Soins à leur donner. (Instruction du 19 février 1879, *Mémorial*, 10ᵉ v., page 35.)

O

Outrages envers la gendarmerie. — Le délinquant doit être conduit immédiatement devant l'officier de police de l'arrondissement.

Outrage adressé à un chef de brigade. — Sur le territoire assigné à sa brigade, l'outrage adressé à un chef de brigade est considéré comme fait à un commandant de la force publique. Il en est de même lorsqu'il est en conduite de prisonniers.

Outrage par geste. — Une expression ironique,

une manifestation de mépris, autrement que par la parole, faites à l'égard d'un gendarme, constituent un outrage à l'égard de ce dernier.

Outrage aux mœurs. — V. la loi du 2 août 1882.

P

Passeport des ouvriers étrangers. — Les ouvriers étrangers porteurs d'un livret français et qui voyagent en vertu du visa dont ce titre a été revêtu, ne sont pas astreints à l'exhibition d'un passeport national. (Décision ministérielle du 24 janvier 1857 ; *Mémorial*, 6ᵉ v., p. 9.)

Passeport. — Les dispositions de la législation sur les passeports sont réglés par la loi du 22 juin 1854, les décisions des 24 janvier 1857 et 22 octobre 1855, les circulaires des 15 octobre 1862 et 14 février 1863 et la loi du 31 juillet 1863.

Pêche.

Détention d'engins prohibés. — La recherche de ces engins peut avoir lieu dans les bateaux, et leur saisie dans une maison, par suite d'une perquisition autorisée légalement pour rechercher des objets volés, est valable.

Ecrevisses, grenouilles. — Le fait de prendre des écrevisses ou des grenouilles à la main constitue un fait de pêche. Il faut que ce procédé de pêche soit autorisé par les riverains.

Engins prohibés. — On ne peut pas saisir des verveux mis en vente sur une place publique.

Etangs et réservoirs. — Sont considérées comme des eaux purement privées et ne tombent pas sous la réglementation de la pêche. Mais, pour les considérer ainsi, il faut qu'ils soient séparés de la rivière par un barrage, une grille, etc.

Gibier d'eau. — Il y a délit de la part du chasseur, lorsqu'il chasse, en temps prescrit par l'arrêté préfectoral, loin des rives des fleuves, marais, étangs, etc.

La gratification qui revient aux rédacteurs des procès-verbaux de constatation d'un délit de pêche est fixée au tiers de l'amende prononcée contre les délinquants et recouvrée. (Décret du 2 décembre 1865, *Mémorial*, 7e v.; p. 471.)

Pêche. — La destruction du poisson à l'aide d'une arme à feu est interdite. Il y a alors délit de pêche.

Pêche. — Le propriétaire ou le fermier d'un moulin a le droit de pêcher dans les limites de son bief.

Pêche à la bouteille. — L'emploi des bouteilles en verre est prohibé, ainsi que celui des bires ou nasses dont les verges ont un espacement inférieur à 10 milimètres.

Pêche de nuit — Un individu jouissant d'un

droit de pêche et qui a placé des boîtes ou nasses dans un petit cours d'eau pendant la nuit, ne peut être poursuivi comme ayant pêché la nuit, si ces engins ont été retirés pendant le jour pour prendre le poisson capturé.

Saisie de filets prohibés. — Lors d'une saisie de filets prohibés et en face d'une résistance par la force, un gendarme peut se borner à une déclaration verbale de saisie.

———•———

Pensions. — La réclamation pour erreur dans la fixation de la pension de retraite doit être adressée dans le délai de trois mois, à dater de la notification de l'ordonnance portant concession de la pension. (Arrêt du Conseil d'Etat, 20 mars 1838, *Mémorial*, 3° v., p. 2. V. en outre le *Manuel des Pensions.*)

Perception des droits de place. — Un fermier des droits de place qui perçoit sur un marché un droit de place supérieur à celui qui lui est dû commet un délit de concussion, s'il agit de mauvaise foi.

Permissionnaires allant dans les pays annexés. — Il est interdit aux militaires de tous grades de franchir la frontière d'Alsace-Lorraine, revêtus de leur uniforme. (Circulaire ministérielle du 30 décembre 1873, *Mémorial*, 8° v., p. 744.)

Ceux qui obtiennent des permissions pour ce pays ne doivent emporter du corps aucun effet militaire et se mettre en route revêtus d'habits bourgeois. (Circulaire ministérielle du 17 juillet 1874, *Mémorial*, 9° vol., p. 3.)

Ils doivent se présenter à l'autorité allemande

dès leur arrivée dans la localité où ils doivent séjourner. (Circulaire du 3 avril 1875.)

Les Alsaciens-Lorrains qui désirent aller en permission dans un pays annexé doivent se munir au préalable de l'autorisation écrite de l'administration allemande ou d'un certificat constatant leur radiation des listes de recrutement dans les territoires annexés. Cette pièce doit être jointe à la demande de permission. (Circulaire du 5 janvier 1877.)

Permissions. — Les militaires nommés à des emplois dans la gendarmerie ne peuvent obtenir de congé ou permission avant leur réception dans cette arme. Ceux qui reçoivent leur nomination étant en congé doivent se mettre en route immédiatement, à l'exception des convalescents. (Circulaire ministérielle du 13 octobre 1873, *Mémorial*, 8e v., p. 715.)

Perquisition. — Ne pas opérer une perquisition chez un habitant sans l'assistance de l'autorité civile.

Pièces à conviction. — Les saisir, les sceller et les remettre au greffe, sur reçu au carnet n° 8.

Les chasseurs qui se rebellent font des menaces, donnent de faux noms, refusent de se faire connaître, ou chassent pendant la nuit doivent être arrêtés.

Pigeons. — Pendant le temps où la divagation n'est pas interdite, l'individu qui tue les pigeons et qui se les approprie commet un vol. Si le terrain est ensemencé, de manière que les pigeons causent un dommage au propriétaire, ce dernier peut les tuer, surtout si l'autorité municipale s'est abstenue d'indiquer les époques pendant lesquelles les pigeons devront être renfermés. Les tourterelles et les pigeons sauvages sont considérés comme gibier.

Plantons ou estafettes. — La circulaire ministérielle du 24 février 1874 rappelle aux Préfets que ce n'est que dans des circonstances tout à fait exceptionnelles et lorsqu'il est absolument impossible de recourir aux moyens ordinaires, que les gendarmes peuvent être chargés de porter des dépêches des autorités. (*M.*, 8ᵉ v., p. 21. Voir aussi la circul. min. du 5 août 1852. *M.*, 4ᵉ v. p. 495.)

Police militaire. — Le Code de justice militaire confère au chef de brigade les droits d'un officier de police judiciaire.

Police rurale. — Les procès-verbaux des gendarmes, en matière de police rurale, ne font pas foi jusqu'à preuve du contraire.

Port de décorations. — Dans la tenue militaire, les médailles d'honneur ou commémoratives doivent être portées avec le ruban et dans la forme officielle. (Circ. 29 mai 1849 et décr. 26 avril 1852.)

Prescription. — Il y a prescription : pour les délits ruraux après trente jours; 2° pour les délits forestiers, de pêche et de chasse, après 3 mois; 3° pour les contraventions après un an; 4° pour les délits après 3 ans; 5° pour les crimes après 10 ans.

Procès-verbaux. — Les procès-verbaux dressés par la gendarmerie doivent contenir les prénoms, l'âge et le lieu de naissance des inculpés, afin de permettre aux magistrats de demander l'extrait du casier judiciaire ou le bulletin n° 2 concernant ces individus. (C. min. 12 août 1859, *M.*, 5ᵉ v., p. 458.)

Une expédition des procès-verbaux dressés à l'occasion d'événements de nature à motiver des poursuites, est remise directement à l'autorité compétente, qu'il se trouve ou non un officier dans la résidence. (Circulaire ministérielle du 26 novembre 1855, *Mémorial*, 5ᵉ v., p. 294.)

Les procès-verbaux doivent être distincts pour chaque crime, délit ou arrestation.

Rédaction des procès-verbaux. — Ce sont les gendarmes qui ont constaté qui doivent rédiger.

Postes.

Franchise postale. — Les commandants de brigade de gendarmerie sont autorisés à correspondre avec les commandants de recrutement sous pli fermé, en cas de nécessité. (Note du 7 février 1876, *Mémorial*, 9ᵉ v., p. 362.)

La circulaire ministérielle du 21 décembre 1878, insérée au *Mémorial de la Gendarmerie* (9ᵉ v., pages 735 et suivantes), donne le tableau de toutes les autorités et de tous les fonctionnaires avec lesquels les commandants de brigade ont la franchise sous bande ou sous enveloppe, selon le cas.

Franchise télégraphique. — Ne doit être employée que pour les dépêches officielles ayant un caractère réel d'urgence. (Circulaire du 27 octobre 1880.) La circulaire du 30 avril 1878 rappelle également les recommandations faites pour prévenir les abus dans l'usage du télégraphe dont l'emploi n'est permis qu'avec les officiers de l'arme et les chefs des brigades environnantes.

Postes. — Pour la découverte des lettres transportées en fraude, il n'est pas permis de fouiller un particulier, un roulier ou un marchand qui voyage à petites journées.

Transport des lettres. — Il y a lieu de dresser procès-verbal pour le fait du transport d'une lettre par une personne qui se rend dans une localité où l'auteur de la lettre est en correspondance avec d'autres individus. C'est une contravention, à moins que le porteur de la lettre ne soit chargé d'une communication dont il est question dans la lettre. Cette dernière doit être ouverte.

———

Prévôté. — Le service de la gendarmerie aux armées est déterminé par le décret du 24 juillet 1875, qui modifie le chapitre V du titre IV du décret du 1er mars 1854. (*Mémorial*, 9e volume, pages 247 et suivantes.)

Un autre décret daté également du 24 juillet 1875 détermine la solde de guerre attribuée à la gendarmerie aux armées, le mode d'administration des hommes de la réserve ou de l'armée territoriale, appelés pour faire le service de la gendarmerie en cas de guerre ou de mobilisation, les frais de bureau alloués aux commandants des forces publiques, enfin les indemnités à payer aux familles des sous-officiers, brigadiers et gendarmes en temps de guerre. (*Mémorial*, 9e v., page 255.)

Prières publiques. — Dispositions à prendre à l'occasion des prières publiques. (Voir la circulaire du 29 décembre 1883, *Mémorial*, 10e v., page 800.)

Prisonniers atteints d'une maladie contagieuse. — Les gendarmes ne peuvent confier à des infirmiers la conduite de la prison à l'hôpital d'un prisonnier atteint de la gale, par exemple.

Processions. — Voir au *Mémorial*, 10e v., p. 441, la circulaire du 11 juin 1881, au sujet du rôle de la gendarmerie dans les processions.

Procès-verbal. — Lorsqu'une exception est apportée à une disposition de la loi ou d'un règlement, le procès-verbal d'un gendarme doit faire connaître avec précision si le fait est du domaine de la règle ou de l'exception.

Procès-verbaux. — Ils doivent contenir les faits dégagés de toute interprétation étrangère et doivent être envoyés dans les vingt-quatre heures de la rédaction aux autorités compétentes. (Circulaire du 14 septembre 1862.)

Propriétaire. — Un propriétaire qui loue une partie ou toute sa maison à des personnes non « sédentaires » est assimilé au logeur.

Punition. — Ne peut être infligée à un gendarme par un officier étranger à l'arme. (Lettre ministérielle du 15 juin 1881. *Mémorial*, 10° v., p. 443.)

R

Rapports politiques. — En aucune circonstance, la gendarmerie ne doit fournir à aucune autorité, quelle qu'elle soit, des rapports ayant trait à des questions qui touchent à la politique. (Circulaire min. du 31 août 1879, *Mémorial*, 10° v., p. 184.)

Recensement des chevaux, juments, mulets et mules. (Voir la loi du 24 juillet 1873 et la circulaire du 8 janvier 1874.)

Cas dans lequel la gendarmerie doit intervenir pour le recensement des chevaux. (Voir la circulaire du 9 février 1874, *Mémorial*, 9° v., page 13.)

Loi relative à la conscription des chevaux. (Voir la loi du 1er août 1874, *Mémorial*, 9° v., p. 80.)

Nature du service de la gendarmerie pour assurer l'exécution de la loi du 1er août 1874, et cas dans lesquels la gendarmerie doit verbaliser. (Circul du 12 déc. 1874, *Mémorial*, 9° v., p. 131.)

La double indemnité journalière est allouée aux militaires de la gendarmerie chargés d'accompagner les commissions de conscription des chevaux. (Circulaire du 9 janvier 1875, *Mémorial*, 9ᵉ v., page 762.)

Voir pour la correspondance en franchise, sous bande, des commandants de brigade avec les présidents des commissions de classement des chevaux de réquisition, les circulaires des 4, 11 et 12 mai 1877. (*Mémorial*, 6ᵉ v., p. 479, 481 et 482.)

Réclamations ou demandes. — Elles doivent toutes passer par la voie hiérarchique. (Circulaires des 3 novembre 1869 et 1ᵉʳ septembre 1873.)

Récompenses ou primes. — Les récompenses ou primes offertes par des administrations publiques ou particulières, par des propriétaires, ou toutes autres personnes, pour services rendus par la gendarmerie ne doivent pas être acceptées. (Circulaire ministérielle du 6 janvier 1869, *Mémorial*, 8ᵉ v., p. 1.) Cependant, il est permis d'accepter une médaille, qui ne peut se porter, à la condition d'en rendre compte au ministre.

Renseignements demandés au sujet des mariages des officiers. — Ne doivent être pris que par les officiers ou les sous-officiers, jamais par les gendarmes. (Circulaire du 25 juin 1863.)

Réquisition des chevaux, juments, mulets et mules et des voitures attelées, en cas de mobilisation. (Voir l'instruction du 1ᵉʳ août 1879 ; *Mémorial*, 10ᵉ v., page 134.)

Réquisition dans un incendie. — Le refus de satisfaire à une réquisition faite dans un incendie met les gendarmes dans l'obligation de verbaliser contre les récalcitrants, et entraîne une condamnation devant le tribunal de simple police.

Réquisition. — Un individu, dans la propriété duquel des vols fréquents sont commis, peut-il adresser une réquisition à la gendarmerie pour dresser une embuscade dans sa propriété? Non, mais il est du devoir de la gendarmerie de prendre toutes les mesures nécessaires pour s'emparer du voleur.

Réquisition. — Un procureur de la République, ayant requis des gendarmes pour l'assister, peut, dans le cours d'une information judiciaire, se faire accompagner par ces mêmes gendarmes, en dehors de leur circonscription de brigade.

Réquisition. — En cas de nécessité, toute personne peut être requise pour assister la gendarmerie, et, en cas de refus, procès-verbal doit être dressé contre elle. (Article 475 du Code pénal.)

Réquisitions. — Les chefs de corps ou de détachements peuvent requérir la gendarmerie pour escorter des militaires. Ces réquisitions écrites doivent être motivées, datées, signées et données sous la responsabilité du chef de corps ou de détachement. (Circulaire du 8 février 1860.)

Rivière et ruisseau. — Sont considérés comme clôture d'une propriété, lorsqu'ils sont suffisamment larges pour ne pouvoir être franchis qu'avec un effort évident.

Roulage.

Abandon d'une voiture dans une rue. — Ce fait ne constitue pas simplement un embarras prohibé, mais une infraction au devoir qu'ont les voituriers de se tenir constamment à portée de leurs chevaux.

Attelage de bœufs. — Deux voitures attelées chacune de deux bœufs forment un convoi, la première voiture seule doit être éclairée. Mais trois voitures attelées de deux bœufs chacunes, marchant comme les premières à la suite les unes des autres, doivent porter chacune une lanterne, sinon, il y a lieu de verbaliser contre le propriétaire de chaque voiture non éclairée.

Charrettes. — Plusieurs charrettes chargées et placées à la suite les unes des autres sur la voie publique doivent toutes porter une lanterne allumée.

Clair de lune. — **Quand** bien même il fait clair de lune, les voitures circulant la nuit ne sont pas dispensées de l'éclairage.

Conducteur endormi. — Les gendarmes doivent dresser procès-verbal contre le conducteur endormi dans sa voiture, calèche, cabriolet, coupé, etc.

Conducteur monté. — Un conducteur monté sur un de ses chevaux d'une voiture de roulage commet une contravention.

Conducteurs âgés de moins de 16 ans. — Les conducteurs peuvent diriger des voitures ne servant pas au transport des personnes.

Conduite des chevaux. — Il est défendu de laisser « courir » les chevaux dans l'intérieur des villes, villages, bourgs ou hameaux ; il faut entendre par courir, le galop, et même le trot lorsqu'il peut causer des accidents.

Conduite des voitures. — Un roulier conduisant deux voitures, dont la première a plus d'un cheval, est obligé d'attacher derrière cette voiture le cheval de la seconde ; mais, si la première a plus de quatre chevaux, cette faculté d'attacher le cheval de la seconde ne lui est pas accordée.

Convois. — La faculté de former un convoi n'existe pas pour les voitures transportant les personnes.

Convois. — Les voitures se joignant, sans aucun intervalle, peuvent être considérées comme formant un convoi, qu'elles soient ou non au même propriétaire, en sorte qu'il n'y a pas lieu, dans ce cas, de dresser procès-verbal, toutes les fois que le nombre des voitures ainsi placées n'excède pas la longueur réglementaire d'un convoi.

Convois. — Les voitures pourvues chacune d'un conducteur ne peuvent, en nombre indéfini, marcher à la suite les unes des autres. Le nombre de voitures qui constitue un convoi et la distance entre chaque convoi doivent être toujours observés.

Défaut d'éclairage d'un convoi. — Lorsque la première voiture d'un convoi n'est pas éclairée, il faut verbaliser contre chaque conducteur de voiture.

Eclairage sur les chemins vicinaux. — Cet éclairage n'est exigé que lorsqu'il a été prescrit par un règlement du préfet. Sur ceux de grande communication, l'éclairage est obligatoire.

Éclairage d'une voiture en cours de route. — Les voitures qui circulent pendant la nuit doivent continuer à être éclairées pendant les stationnements que les conducteurs sont obligés de faire.

Éclairage des voitures. — Un conducteur monté sur sa voiture et qui porte une lanterne à la main commet une contravention.

Nombre de voitures. — Deux voitures attelées chacune de trois chevaux et ayant chacune un conducteur forment un convoi.

Plaque illisible. — Un gendarme qui constate qu'une voiture porte une plaque illisible ne doit pas s'emparer de cette plaque comme pièce à conviction.

Postillon. — Un postillon de voiture publique qui sonne la nuit de la trompette en traversant un lieu habité est passible d'un procès-verbal pour tapage nocturne.

Roulage. — Un voiturier peut-il invoquer la force majeure qui, dans une nuit d'orage, l'empêche de tenir sa lanterne allumée ? Oui.

L'obligation de l'éclairage existe-t-elle sur les chemins vicinaux de moyenne communication ? Non, en principe. Ce sont les préfets qui, dans leurs départements, réglementent la circulation des voitures sur les chemins vicinaux ordinaires. Lorsqu'il y a un arrêté préfectoral à cet égard, les gendarmes doivent en assurer l'exécution.

Stationnement devant une auberge. — Le voiturier qui laisse ou abandonne ses chevaux devant la porte d'entrée d'une maison ou d'une auberge, sans les faire garder ou les attacher, commet une contravention.

Stationnement. — Un charretier qui a laissé sa voiture en stationnement, pendant la nuit, devant la porte d'une auberge donnant sur une route, commet une contravention, quand bien même il invoquerait pour excuse le défaut de local suffisant pour remiser sa voiture.

Temps de nuit pour l'éclairage. — L'aurore et le crépuscule sont compris dans le temps de nuit, lequel se trouve délimité exactement par le lever et le coucher du soleil.

Voiture d'agriculture. — Lorsqu'elles font le service entre la ferme et les terres cultivées, elles sont exemptes de la plaque et de l'éclairage ; mais si ces voitures sont employées accidentellement sur une route à un service autre, elles doivent être éclairées.

Voiture tirée par des bœufs. — Le conducteur d'une voiture tirée par des bœufs commet une contravention, lorsqu'il ne se tient pas à portée de ses animaux pour les conduire.

Voitures à volonté. — Les voitures à volonté conduites par les personnes qui les louent sont assimilées aux voitures particulières. Le cas ne serait pas le même si la voiture à volonté était conduite par un garçon du loueur ou le loueur lui-même.

Voitures bourgeoises. — Une voiture essentiellement destinée au transport des personnes n'est pas soumise à l'obligation de la plaque, lorsqu'elle transporte accidentellement des marchandises pour les besoins du propriétaire.

Voitures circulant dans les rues d'une ville. — Les voitures d'agriculture circulant dans les rues d'une ville doivent être munies d'une plaque.

Voitures attelées derrière une autre. — Une voiture attelée de deux bœufs peut en recevoir une autre qui lui est fixée ou attachée. Un conducteur d'un chariot attelé de deux bœufs commet une contravention lorsqu'il monte sur son chariot pour conduire son attelage.

S

Saisie mobilière. — Ce n'est que dans des cas très rares, et lorsque la résistance du débiteur dégénère en rébellion, que la Gendarmerie doit prêter main-forte à l'huissier, et sur réquisition du magistrat qui doit être présent à la saisie, en cas de résistance. Les gendarmes ne peuvent être employés comme témoins ni gardiens.

Saltimbanques. — Voir la loi du 7 décembre 1874 et les circulaires des 24 août 1826 et 10 octobre 1829, sur les enfants employés par les saltimbanques et les bateleurs.

Secours aux anciens militaires et aux veuves d'anciens militaires. (V. c. 15 mars 75, *M.*, 9e v., p. 189.)

Aux familles des gendarmes employés aux armées. (V. décr. du 24 juill. 1875, *Mém.* 9e v., p. 255.)

Aux familles nécessiteuses des hommes de la réserve et de l'armée territoriale. (Voir loi du 21 décembre 1882, *Mémorial*, 10e v., p. 635.)

Secrétaire du commandant. — Doit être pris parmi les gendarmes à pied. (Circ. du 10 oct. 1868.)

Serment politique. — Le décret du 5 septembre 1870 a aboli le serment politique.

Signatures. — Doivent toujours être lisibles. (Ordre ministériel du 27 décembre 1841 ; *Mémorial*, 8° v., p. 222, et note ministérielle du 15 juillet 1850 ; *Mémorial*, 4° v., p. 299.)

Sociétés industrielles. — Un militaire ne doit jamais faire partie d'une Société industrielle ou financière. (Circulaire ministérielle du 24 décembre 1869 ; *Mémorial*, 8° v., p. 90.)

Surveillance de la haute police. — La loi relative aux individus soumis à la surveillance de la haute police est datée du 23 janvier 1874. (*Mémorial*, 9° v., p. 5.)

Surveillance de la haute police. — Sa durée maximum est fixée à 20 ans. (Loi du 23 janvier 1876.) Le décret du 30 août 1875 règle le mode d'exercice de cette surveillance.

T

Tabac. — Le propriétaire qui cultive dans son *jardin-enclos*, comme amateur, botaniste ou herboriste, moins de vingt-cinq pieds de tabac, n'a besoin ni d'autorisation, ni de déclaration préalable. Les visites domiciliaires à cet égard ne sont pas faites par la gendarmerie, mais son devoir est de signaler les contraventions qu'elle peut connaître.

Tabac de cantine. — Les hommes n'ont droit au tabac de cantine qu'à la condition de l'employer à leur consommation personnelle. Ceux qui ne fument pas n'y ont pas droit. (Circulaire minis. du 28 février 1854, *Mémorial*, 5° v., p. 14, et circulaire du 14 décembre 1878, *Mémorial*, 9° v., p. 730.)

Les militaires hospitalisés ont droit au bon de tabac. (Circulaire du 13 février 1883.)

Témoins. — Un commissaire de police ne peut pas réquérir la gendarmerie de contraindre un témoin à paraître devant lui. Mais il a le droit de faire conduire par les gendarmes devant le procureur de la République un individu qu'il a fait déposer à la chambre de sûreté.

Timbres. — La gendarmerie a le droit de verbaliser en matière de défaut de timbre sur les affiches peintes, sur les quittances, factures et les lettres de voiture.

Transfèrement de prisonniers militaires. — Les militaires transférés doivent être séparés des prisonniers civils. (Règlements du 23 juillet 1856 et du 20 juin 1863.)

Les militaires doivent être transférés par les voies ferrées, de préférence, toutes les fois que cela est possible. (Circulaires des 7 et 29 juin 1861.)

Transport du mobilier des gendarmes. — Voir chemins de fer.

Traversée. — Les brigadiers de la gendarmerie départementale, du bataillon mobile et de la garde républicaine sont classés, à bord des Compagnies Valéry et Fraissinet, parmi les passagers de troisième classe. (12 mai 1879.)

U

Usage des armes. — Il est recommandé aux gendarmes de faire usage de leurs armes dès que la sûreté de leur personne est sérieusement compromise. (Circulaire ministérielle du 30 novembre 1853, *Mémorial*, 4° v., p. 601.)

V

Vélocipèdes. — Sont considérés comme voitures, et doivent être éclairés, lorsque les voitures particulières sont soumises à cette obligation.

Vente clandestine de tabac. — La vente clandestine de tabac constitue un délit.

Vétérinaires militaires. — Doivent leurs soins aux chevaux des officiers et des gendarmes. (Décret du 26 décembre 1876, art. 44.)

Visa des feuilles de route. — Les militaires allant en congé ou rentrant dans leurs foyers doivent faire viser leur feuille de route par la gendarmerie à leur arrivée à destination. Ce visa est daté conformément à la décision présidentielle du 10 juillet 1879, qui modifie l'article 57 du décret du 12 juin 1867 et les circulaires du 1er juin 1865 et 13 juin 1870.

Visites domiciliaires. — La gendarmerie ne doit pas pénétrer dans le domicile d'un citoyen sans son consentement, ou sans l'assistance d'un officier de police judiciaire, et pendant le jour seulement, soit de 6 heures du matin à 6 heures du soir, du 1er octobre au 31 mars, et de 4 heures du matin à 9 heures du soir, du 1er avril au 30 septembre. Une visite domiciliaire commencée le jour peut être continuée la nuit.

Les lieux de débauches, spectacles, boutiques, cafés, en un mot tous les lieux ouverts ou publics peuvent être l'objet d'une visite domiciliaire de la part de la gendarmerie pendant la nuit.

La gendarmerie peut également pénétrer la nuit dans l'intérieur d'une maison en cas de réclamation ou d'appel au secours. Pendant le jour, elle peut toujours pénétrer dans le domicile d'un citoyen, même malgré son refus, si elle est porteur d'un mandat.

Voirie.

Abandon de bestiaux dans les landes. — Ce fait tombe sous l'application du Code pénal et non du Code rural.

Agent-voyer. — Un agent-voyer n'a pas le droit d'autoriser un dépôt de matériaux encombrant la voie publique.

Barres de fer abandonnées sur la voie publique. — Quand même ces barres seraient d'un poids à ne pouvoir être maniées par un homme seul, leur abandon constitue une contravention.

Dégâts. — Lorsque la vaine pâture est prohibée dans un pays, le propriétaire d'un animal trouvé abandonné dans la propriété d'autrui doit être déclaré en contravention, quand bien même l'animal n'aurait commis aucun dégât.

Dégradations. — Un charretier qui, sciemment ou par négligence, cause une dégradation au trottoir ou endommage les arbres d'une route, commet une contravention justiciable du Conseil de préfecture.

Distillerie. — Un individu qui est installé sur la voie publique avec un appareil fonctionnant est soumis à la licence. Il est du devoir de la gendarmerie de signaler à l'administration les bouilleurs ambulants, non munis de licence.

Echelles. — Un individu qui, par suite de l'édification d'une maçonnerie quelconque, laisse la nuit une ou plusieurs échelles sur la voie publique commet une contravention.

Elagage de chemins ruraux. — Il est ordonné par le maire.

Embarras sur la voie publique. — Les maréchaux-ferrants sont en contravention en ferrant des chevaux sur la voie publique. (Arrêt de la Cour de cassation du 30 novembre 1878, *Mémorial*, 8ᵉ v., p. 726.)

Marchés. — Le refus de payer le droit de place au marché n'est pas une contravention de police; les gendarmes n'ont pas à donner leur assistance au fermier.

Matériaux sur la voie publique. — Lorsqu'un dépôt momentané de cette nature est autorisé, il doit, la nuit, être éclairé par une lanterne et entouré d'une clôture.

Marche de troupeaux. — Rien ne réglemente la conduite des troupeaux sur les routes, c'est une question qui peut rentrer dans les pouvoirs des préfets. Néanmoins, les propriétaires de ces troupeaux sont responsables des dégâts commis et des accidents qu'ils peuvent occasionner.

Passage à travers champs. — En cas d'impraticabilité de chemins publics, le voyageur est autorisé à faire un passage dans les champs riverains. De même, dans la poursuite d'un délinquant, les gendarmes sont autorisés à traverser une terre ensemencée.

Voirie. — La pénalité n'atteint pas ceux qui ont embarrassé momentanément la voie publique dans le cas de force majeure. Mais l'éclairage est toujours exigé.

Volailles. — Des poules, des canards, des oies, etc., cherchant leur nourriture dans un champ ensemencé appartenant à autrui, constituent leur propriétaire en état de contravention, quelle que soit la nature de l'ensemencement ou de la récolte.

Volailles empoisonnées. — Un propriétaire qui jette sur son terrain des substances, à l'effet de donner la mort aux volailles des voisins, n'est passible d'aucune peine de police.

Paris et Limoges. — Henri CHARLES-LAVAUZELLE, Imprimeur de la Gendarmerie.

www.ingramcontent.com/pod-product-compliance
Lightning Source LLC
Chambersburg PA
CBHW070908280326
41934CB00008B/1630